国際共同研究「裁判所の役割」
第Ⅲ期
ドイツ法・ヨーロッパ法の展開と判例

川添利幸
小島武司 編

日本比較法
研究所研究叢書
(51)

日本比較法研究所

はしがき

　本書は，日本比較法研究所創立40周年を契機として発足した研究計画の一つである国際共同研究「裁判所の役割」プロジェクト第3年目（最終年度）の成果の一部である．

　第1年目は，近代裁判制度の原点ともいうべきフランスの裁判法制を各訴訟分野に即して検討し，第2年目は，アメリカの裁判法制に焦点を合わせてその手続原則，運用にあたる裁判官と弁護士，裁判と補完し合う代替的紛争解決制度（ADR）を取り上げ，いわば大司法システムの構造および理論の分析を試みた．

　第3年目には，西欧の裁判制度揺籃の地であるギリシャ，イタリアおよびイギリスを取り上げ，その歴史的展開と根底にある精神から学ぼうとする国際シンポジウムを開催した．

　これにつぐ，第3年目別枠プロジェクトとして，ドイツからB．グロスフェルト，K．J．ホプト，K．W．ネル，T．オッパーマン，およびR．A．シュッツェの諸教授をお招きして法の展開と判例という問題関心を核とするラウンド・テーブルを1992年9月29日，同10月6日の両日にわたって行なった．その成果を収めるものが本書である．このラウンド・テーブルが実現したのは，村上淳一桐蔭学園横浜大学教授（東京大学名誉教授）および北川善太郎京都大学教授の御厚意によるところが大きい．

　このプロジェクトには，広く日本比較法研究所の所員および他大学の研究者の方々の参加を得て，数人の所員の方にコーディネーターをお願いし，わたくしがチーフ・コーディネーターとして全体的調整にあたってきた．今回のプロジェクトは，川添利幸教授のご協力を得て，別枠で企画したものである．

　本書をもって3年間にわたる共同研究の全体がようやく公刊されるにいたったことは，われわれにとって大きなよろこびである．しかし，これは単に基礎

作業が終ったことを意味するにとどまり，これを基盤として日本の裁判制度を主題としてわれわれ自らの思索を展開していかなければならない．本書の刊行が遅れているうちに，民事訴訟法の改革が実現することになったこともあり，しばらくの発酵の期間を置いて，この困難な課題への取り組みを開始したいと念じている．

この特別シンポジウムの運営および本書の刊行にあたっては，石川敏行教授に多大の御協力を，シンポジウム当日は永井和之教授ほか多くの方々の御支援をいただき，また，当研究所の宮田永生前事務室長および加藤 清事務室長はじめ事務室の方々，さらには矢崎英明出版部課長に多大の御尽力をいただいた．とりわけ，事務室の橘 由紀夫主事および飯島 啓副主事には丹念な編集作業をしていただいた．ここに改めて御協力いただいた各方面の方々に対し深く感謝申し上げたい．

なお，本書の刊行が大幅に遅れたことはコーディネーターであるわたくしの責任であり，関係者の皆様に深くおわび申し上げます．関係者の肩書等はシンポジウム開催当時のものとなっておりますので，ご留意いただければと存じます．

1999年11月

プロジェクトを代表して

小 島 武 司

目　次

第1章　法律と現実に挟まれた裁判官 …………………………………… 1
　　　　――第一次世界大戦と超インフレーションのショックへの
　　　　　ライヒ最高裁判所の対応――
　　　　　基調報告……………………クヌート・ヴォルフガング・ネル… 4
　　　　　　　　　　　　　　　　　　　　　　　廣瀬　克巨 訳
　　　　　討　　論………………………………………………………… 25

第2章　ヨーロッパ会社法 ……………………………………………… 31
　　　　　基調報告…………………………ベルンハルト・グロスフェルト… 38
　　　　　　　　　　　　　　　　　　　　　　　丸山　秀平 訳
　　　　　コメントおよび討論……………………………………………… 62

第3章　Die Aufklärungs-, Warn- und Beratungspflichten
　　　　der Banken in der Rechtsprechung
　　　　des deutschen Bundesgerichtshofe ……………………………… 71
　　　　　基調報告……………………………………クラウス J. ホプト… 72

第4章　国際民事訴訟における法源としての判例の意義 ………… 93
　　　　　基調報告………………………………ロルフ A. シュッツェ… 95
　　　　　　　　　　　　　　　　　　　　　　　森　　勇 訳
　　　　　コメントおよび討論………………………………………………109

第5章　マーストリヒト条約によるヨーロッパ共同体の組織 …… 119
　　　　　基調報告………………………………トーマス・オッパーマン…122
　　　　　　　　　　　　　　　　　　　　　　　石川　敏行 訳
　　　　　討　　論…………………………………………………………132

第1章
法律と現実に挟まれた裁判官
―――第一次世界大戦と超インフレーションの
ショックへのライヒ最高裁判所の対応―――

クヌート・ヴォルフガング・ネル
Knut Wolfgang Nörr

レジュメ

I ドイツ民法典の施行から第一次世界大戦の勃発に至る間における，自由法運動ないし自由法論の台頭とその内容，および運動の実際的な展開
 1. 民法典が受け継いだパンデクテン法学に固有の法学方法論に対し，民法典施行後批判が高まってきた．それが自由法運動ないし自由法論であり，その内容は方法論に止まらず，以下のように司法政策論および政治一般にまで関わるものであった．
 2. 方法論について自由法論は，閉じられた法体系およびその論理的統一性という観念と訣別し，法あるいは法律の欠缺を率直に認めるべきとする．しかもその補充に向けられた従来の技術の持つ論理性の虚偽を喝破し，それに代えてむしろ個別事例の実際に即した適正な裁判への裁判官の意欲を喚起した．法律は生活の一部分を規制出来るだけで，それ以外の部分については，自由な法創造・法発見を通じて規範が形成されねばならないとする．しかし例えば，欠缺が存在する場合に何を規準にして判断するのか，という裁判官による法創造の準則について充分な解答が提示されず，演繹的手法に対する帰納的ないし経験主義的な手法が強調されたにすぎない．むしろ裁判官は自己の下した判決の結果，つまりそれが社会に与える影響を重視すべきであると主張すると同時に，判決を導いた実質的な動機を明らかにすべし，という裁判の透明化への要請をはっきりと打ち出したところに自由法運動の面目が見て取れよう．
 3. 自由な法創造・法発見の担い手としての裁判官の主体性を重視する限

り，それは必然的に司法制度改革の要請（特に裁判官の選抜と養成について）に繋がっていかざるを得ない．事実自由法運動に与した法実務家にとっては，司法政策的な要素が最大の関心事であった．
4．以上のように自由な法創造と裁判のプロセスの透明化を強調する時，それは自由主義と一定の親和性を持つ．しかし同時に自由な法創造の主張は，近代民主主義における三権分立の境界を踏み越え，特にワイマール憲法の定めた国民主権の原則とどうしても抵触してしまう．
5．自由法運動の主張が裁判官の使命・役割に最も関わることは明らかであるが，当時その職業組織であったドイツ裁判官連盟は，自由法運動が問題としていた法律への服従と拘束という基本路線は変えられなかったものの，「取引の要請」に応ずる用意だけは出来ていた．それを通じて自由法運動は有力な主潮ともなり，法律家以外の者，例えば経済人との大同団結さえも達成したが，同時にそれが有していた輝きと鋭さを失った．

Ⅱ　第一次世界大戦中から敗戦直後にかけて発生した経済的な困難やインフレーションへのライヒ最高裁判所の対応と，自由法運動がもたらしたライヒ最高裁判所への影響
1．法律に対峙する裁判官の主体性，その自由な法創造を現実的な課題ならしめたのは，第一次世界大戦とそれに引き続くインフレーションという事態であった．法律がそれ自体として機能不全に陥ってしまったので，裁判官が法律の拘束から解放されざるを得なくなってしまったのだ．
2．先ず大戦中に生じた（経済的な困難に関わる）諸事例について，ライヒ最高裁判所は世界大戦を債務者の免責を導く（例外的な）事情と解さなかったので，民法の定める給付障害の規定を軸にケース・バイ・ケースの対応をなし得るに止まった．
3．敗戦が迫った段階で，ようやくライヒ最高裁判所は世界大戦やインフレーション，革命などの特異性を意識し，それに慎重に臨むに至り，それらを経済事情を完全に変更させるものと解するようになった．さらにライヒ最高裁判所は以上の行為基礎の消滅ないし事情変更の原則を承認するにあたり，民法の規定（242，157，325条）を引用しながらも，判決の法律による理由づけを相対化し，法律への拘束を緩和する傾向を示した．
4．ライヒ最高裁判所の判例の中で注目すべきは，自由な法創造によって形成される法曹法の正当化の根拠について依然未解決のままであるものの，法曹法それ自体を契約当事者の意思（約定）や法律と全く同等の法源として扱おうという明確な志向が現れたことである．
5．以上のライヒ最高裁判所判例の動向を決定づけたのが，政治・経済および社会の現実であったのは指摘するまでもないが，しかし大戦前の自由法

運動の影響ないし遠隔作用もその際無視すべきではない．

Ⅲ ライヒ最高裁判所の増額評価判決とそれを巡っての政治と司法の軋轢，およびライヒ最高裁判所内部の動向
 1．大戦後の超インフレーションによって債権額（実質価値）が大幅に下落したが，当初議会もライヒ政府も債権者救済のための何らの有効な手段も採らず，無策に徹していたので，ライヒ最高裁判所は長期の逡巡の後，1923年11月通貨法を無視し，増額して債権者に弁済すべき旨の判決を下した．その際，民法の信義誠実の原則（242条）と実質的正義とが拠り所にされた．
 2．このライヒ最高裁判所の増額評価判決に対してライヒ政府は越権と受け止め，裁判官による増額評価を法律（正確には授権法に基づく命令）によって差し止めようと企てた．これはライヒ最高裁判所内の裁判官協会理事会の反撥を招き，法律への服従を拒絶する旨の請願を出させるに至った．ここに政治と司法の前例のない対立を引き起こしかねない危機的な事態が生じた．しかしもともと理事会メンバーが先鋭化しすぎており，後にはライヒ最高裁判所内部で浮いてしまったこともあって，事態は沈静化し，ライヒ政府に有利に推移していった．
 3．従って以上の問題について，ライヒ最高裁判所全体と裁判官協会理事会とを単純に同一視し，ライヒ最高裁判所それ自体の反議会主義的傾向を謗るのは全くの誤りである．

Ⅳ 増額評価問題の解決と違憲立法審査制度による対処
 1．上述したライヒ最高裁判所内の裁判官協会理事会のライヒ政府宛請願が，民法の一般条項のみならず，憲法の諸規定（153，134条等）をもって法律を批判したことにより，違憲立法審査権の問題に関わることになった．ライヒ最高裁判所は以前より審査権の行使の可能性を議会の裁量に委ねる立場を採っていたが，この問題について審査権それ自体については，はっきりした態度を決めかねていた．
 2．しかし議会が今や増額評価のための租税緊急命令や増額評価法を通すにいたって，その合憲性が問われることになり，ライヒ最高裁判所は，憲法と法律が矛盾する場合，法律は憲法に譲歩しなければならず，憲法は裁判所から審査権を剥奪していないので，裁判官は法律の合憲性を審査出来る旨判示した．
 3．ライヒ最高裁判所が審査権を肯定し，行使したのは，インフレーションの犠牲者たる債権者を救うためであって，そうしなければライヒ最高裁判所自身に対する信頼が危機に曝されるとの配慮に基づくのであろう．

4．ライヒ最高裁判所は他の憲法規定の適用の場合と同様，一般に審査権の行使に慎重であった．そこでの裁判官の審査権の肯定は反議会主義・反民主主義的な意図をもってなされたのではなく，あくまでも憲法秩序を回復するためになされたことが看過されてはならない．

Ⅴ　結　　語
1．ライヒ最高裁判所が増額評価やその他の経済的な困難の問題に取り組んだ時に用いられたのは，当初信義誠実や善良の風俗などの民法の一般条項であったが，やがて違憲立法審査制度をもって臨むように方向転換した．このことは，融通無碍に濫用される恐れのある白地条項をもってするよりも，憲法規範の適用という制度的により確実で明確な対処を可能ならしめる方途に道を拓いたと解すべきである．そして一時は不確定なまでに広がってしまった法律に対する裁判官の権能の自己抑制として，評価してよい．
2．このようにして，自由法運動や第一次世界大戦，それに続いた超インフレーションなどの過酷な（しかし貴重な）経験を経た裁判官は，もはや自己を法律の奴隷とは見なさない．だが憲法規範が，裁判官の活動領域を合理的に限界づけることになった．

(文責・廣瀬　克巨)

基 調 報 告

Ⅰ

　1900年民法典という，ビスマルクと皇帝ヴィルヘルムの支配したドイツ帝国における法典編纂の最後にして，しかも至上の作品が効力を発したとき，方法(論)に関しては法律専門家から一致した反響を期待することが出来なかった．すなわち一方で，この新しい法典の具有するパンデクテン法学的な体質から推して，パンデクテン法学で発展した解釈方法がそれにも適用された．多くの法律家はためらうこともなくこのような方法上の連続性に身を委ねていたのであり，実務に携わっていようが，理論に携わっていようがかわりはなかった．しかし他方で，パンデクテン法学の方法に対して攻撃を仕掛けようとする試みが，先ずは連合し，次いで分裂しながらも生成してきた．解釈方法上の対立と

のいかなる論理的，ないし発生的な関連の必然性がないにもかかわらず，裁判官の地位とその法律に対する関係についての新たな評価へと，総じてこの新しい試みは結びついていった．さらにその主唱者の多くにあっては，政治的な契機すら加わっていた．かくして自由法運動という集合名の下に知られるようになり，そうして世紀の転換点と第一次世界大戦との間に起こった法律家の抵抗運動として特徴づけることの出来るこの新しい志向について，だいたいそれを次の三つの要素に区分出来る．先ず第一に方法(論)的な要素である．と言っても，（後述するように）それは法源についての問題と必ずしも明確な関係に結びつけられてはいなかった．次いで第二に司法政策的な要素，そして第三に政治一般的な要素である．もっとも自由法の主唱者のすべてに，これらの三つの要素が同じように現れていたわけではない．同じような志向への，例えば片や法社会学への，片や利益法学への各々の接近からバリエーションが生じ得た．このように法律家による抵抗の中核を成した三人の著述家，すなわちオイゲン・エールリッヒ，ヘルマン・カントロヴィッツおよびエルンスト・フックスも多くの点で互いに相違しており，以下において上述した三つの要素をスケッチする場合にのみ，彼らの見解の交わるところを扱うことが出来よう．

　——方法(論)的な要素は解釈技術という狭義の意味で解される必要はなく，むしろそこでは往々概念法学，もしくは構成法学としてさらし者にされていたパンデクテン法学による法および学問の理解の克服が問題とされた．周知のようにその学問的な諒解はとりわけ法，あるいは法律の欠缺というスローガンの下に表現され，そしてこのスローガンの下で叩かれることになった．いわく，閉じられた体系およびその論理的統一性という観念と訣別すべきである．法，あるいは法律に欠缺が固着することをはっきりと認めるべきである．その欠缺を補充するための技術が持っている見せかけの論理性は，結局は看破されるべきものなのである．規範の持つ欠缺の補充は全く別のやり方でなし遂げられるべきである．法感情と適正な判決への意欲こそが，古臭い技術に取って替わらねばならない，と．そこから解釈論が法源論に拡大されていったのが見て取れよう．つまり，法律は生活関係のほんの一部分を規制出来るだけであって，それ以外の部分については，法律家が自由な法発見と法創造を通して規範を形成

すべきものなのである，と言う．しかし法律家，裁判官は法律によってカバーされていない領域において何に基づいて判決を下すのか，何を基準にして自己の法感情と正義への意欲を測るべきなのか？　このことについてのきちんとした解答，すなわち裁判官による法創造の原動力に関する理論を自由法運動は作り上げなかった．ただその一部が見られるだけであり，それの公分母として経験主義的な傾向を見て取ることが出来る．いわく，法は社会の発展，つまり変動の絶えない生活の要請に適合すべきである．法律家は社会共同体，民族と時代が有している確信を妥当させなければならない．もし必要とあらば，法律家自身が有している人間としての健全な英知，個人的確信が彼を領導すべきである．法律家の眼差しは常に，自己の判断の結果，つまりそれが社会に与える影響に向けられねばならない．社会情況についての洞察と自身の経験から帰納的に判断を下すべきである，と．一般的な法命題の定立ではなく，個別事例の判断を前面に押し出すという前掲した著述家達の志向が，このような経験主義的な手法に即応していた．それにしても，その他の点では自由な法発見という規準それ自体は，なにも新しいものではない．と言うのも，法律家の伝統的な技術というヴェールの下でさえも既に価値に関係させて判断が下されていたであろうし（民法における価値判断と意思決定について，グスターフ・リューメリンが1891年におこなった講演からの引用），利益が衡量され，経済および社会の発展が配慮されていたし，創造者としての法律家の個性が論じられていたであろう．むしろここで問題とされているのは，まさに判決を導いた実際上の動機を明らかにすること，そして裁判の持つ隠花植物のようなファクターときっぱり訣別することに他ならない．

——個別事例に即した適正な裁判への意欲が技術と体系に取って替わるとすれば，すなわち，裁判官が既存の法律にコセコセと依存するのではなく，法創造者としての独自性をもって活動すべきであるとすれば，新しい裁判官像が裁判官職についての古臭い理解を押し退けなければならなかった．前掲した著述家達は，自由な法創造が裁判官の新たな自意識を喚起するであろう，今や個々の裁判官の人格，その個性が影響を及ぼすであろうと考えた．その偉大なモデルはイギリスの裁判官であり，このことについて多くの著述家がロマンチック

な想いを抱いていた．イギリスこそが自由な法発見の典型的な大地であると主張したのだ（そしてそれと同時に，そこでの先例への強い拘束性が暗黙のうちに見過ごされた）．イギリスにおけるように，王者のように振る舞う裁判官が文筆家の如き（受動的な）法律家に取って替わるべしとされた．このような勘慮に基づいて，司法政策の領域へと足が踏み入れられる．徹底的な司法改革に関するフランツ・アディケの有名な論文（1906年）によって，上述したような裁判官像は司法政策の面でも影響を及ぼし始めた．司法改革は，裁判所構成法と訴訟法の改正を通じて貫徹されるべきものとされた．自由法論と司法改革とは，裁判官の地位を向上させるべし，また裁判官職のための最良の人材養成と選抜とを保障すべしと要求する点で一致したのだ．自由法運動を支持していた法実務家にとっては，むしろ司法政策的な要素こそが決定的であった．

　——しかし第三に，政治一般的な要素も確認することが出来る．自由法運動はなによりも自由主義的な考えにとって有益であった．歴史上の体験が，国家権力による立法に対する裁判官の強固な地位（の必要）のために弁明してくれていた．それに社会民主主義的な立場を採る法律家も与していた．彼らは確かに憲法および国家権力による立法に原則として異議を唱えなかったが，しかし皇帝ヴィルヘルムが現実に統治する国家が彼らの抵抗を引き起こしたのである．よく知られているように，民法典（の内容）は社会民主党の要求を無視したも同然であった．総じて，自由法の支持者が克服の相手とした論理的に閉じられた法体系という観念は，確かにドイツ帝国による民法典編纂以前の時期に展開されたものであったが，しかし民法典の適用に際して（従前からの）古い技術を持ち込むことと，そのことから生ずる新しい法典の精神の化石化ということが危惧されたのである．主観的・歴史的解釈が特に敵視されたのも謂れのないことではなかった．しかし時代に適合した法の継続的形成が裁判官に期待された．我々の裁判官の情況は，立法者として働く政党の代弁者の誰よりもはるかに成熟している，とカントロヴィッツは公言した．裁判官の自由な法創造から生ずる権力分立上の変移は充分に認識されていたが，そこから生ずる結果はたとえ歓迎されないものであったにせよ，甘受することが出来たのである．このような立場は当然，それが主張された時代の政治機構に基づいていた．立

憲君主制が民主主義的な共和制によって交替させられたとき，緊張，つまり二律背反が生じていたことは明白であった．と言うのも一方で，ライヒ最高裁判所は（後で見るように）裁判官による法創造を要請する自由法に応じ始めていた．しかし他方でワイマール憲法に規定されていた国民主権の原則は，自由法論者内の共和制主義者をして裁判官の自由を再び刈り込ませたようだ．事実1919年以降自由法をめぐっては，理論的な動き以外は沈滞していった．

さて時間的に先を急いでしまった．自由法運動を特徴づける三つの要素にもう一度立ち戻るならば，自由法の試みはなによりも先ず裁判官，その活動，その地位，そしてその人格を考慮したという総括が可能である．その結果，そこでなされた論議は初めからアカデミックな範囲に限定されなかった．それをめぐる論争は，専門論文においてであれ，実務向け雑誌紙面においてであれ法実務家の間でも生じた．自由法の支持者の要求するところのものに関わったのが，裁判官の職業組織，すなわちドイツ裁判官連盟であったことは言わずもがなである．だが1911年にドレスデンで開催された裁判官大会において，それは折衷的な立場を採った．そこでは以下のような提案が多数を制した．

[提案1] 司法権は法律に服従する．それゆえ裁判官は，法律から逸脱するいかなる権限をも有さない．

[提案2] 法律の内容に疑念のある場合でも，裁判官は自己の裁量に基づいて判決を下すことは出来ない．その場合むしろ，法律の意義と目的に従った解釈によって，適当と認められる場合には類推によって問題を解決すべきである．

[提案3] 一定の法律について複数の解釈が可能である場合には，裁判官は，法意識と取引の要請に最も適合する解釈を優先させなければならない．

以上の［提案1］と［提案2］は，法律に対する裁判官の服従と法律への裁判官の拘束とを保障するものであったが，しかし［提案3］は自由法運動への譲歩として理解された．つまり「取引の要請」によって経済生活の実際が意味されており，しかもこのような表現は，裁判官の世間知らず，あるいは生活知らずといった当時猛威をふるった非難を思い起こさせるものであった．この非難

は，法律への拘束を自由法論の求めるように無にしてしまうことに妥協しない裁判官の多くに投げかけられたものであった．裁判官は判決を下すにあたって現実の経済・社会情況に配慮せよ，と［提案３］は要求しており，したがってこの要求に経済界の代表者達も満足することが出来たのである．こうして自由法の擁護者，高名な法学者，どちらかと言えば伝統的な路線に乗っかる法実務家，および経済人との間のなりふり構わぬ同盟が出来上がった．この同盟から1911年に「法と経済」という名称の団体，および同じ名称を冠した新しい雑誌が登場した．ここにおいて法律家の抵抗は，一定程度まとまって統合化され，主潮にまで高められた．このことを通してそれは法専門家への影響力を獲得していったが，しかし同時に，その有していた輝きと鋭さを明らかに喪失していった．

II

著名な裁判官が，この新しい団体や類似の活動に相当程度関与していた．たとえ自由法のテーゼの核心に批判的であったにせよ，それ以外の多くの裁判官も法律に対する裁判官のより自由な立場，裁判官による法創造への喚起を耳にしてはいた．従って彼らがそのような喚起に応じ，そうして判決に至る方途を変更することは，時間の問題に過ぎなかったのであろうか？　平和な年月が安穏に持続したとしても，裁判所は法律との新たな関係，法律に対峙するという新しい自意識を次第に獲得していったであろうか？　このような問いに答えることは出来ない．新しい自意識というものは，それが明瞭になっていくための機会と必然性の二つを前提とする．そしてそのような事態が，平穏な時代に起こったかどうかはわからない．しかし戦争とその直後に引き続いたインフレーションが，裁判官をそのような情況に置いた．法律に対する裁判官の服従について裁判官自身が進んで熟慮したというよりも，むしろそうしなければならない機会を持ってしまった．法律の置かれた困難があまりにも大きかったので，裁判官は法律から解放されてしまったのである．もとより実際に生じた諸事例がこのような展開を軌道に乗せ，裁判の新たな自意識（——これは同時に法形

成の因子を組み換えさせたものである——）を呼び起こしたのであった．

　まず第一次世界大戦中に既に生じていた諸事例は，なかんずく契約法に属していた．当時既に発効していた契約の多くにあっては，大戦の影響で当事者の一方がもはや履行出来ないか，あるいは大きな制約の下でのみ履行が可能であるにすぎなかった．その典型的な（第一の）事例グループは供給契約に関するものであり，その契約の履行は海外からの原料の購入を前提としていた．しかし連合国側がドイツに対して行った封鎖のために，輸入はもはや不可能となってしまった．第二の事例グループは営業の使用・用益賃貸借契約についてであった．例えばビヤホールの用益賃借人が，大戦のためにビール製造が徹底的に制限されたので，収益が減ってしまったことを理由に賃料の減額を求めたという場合である．従ってこれらの諸事例やその他の多くの場合においては，契約の履行の際の障害をもたらしたのが，直接的にも間接的にも大戦の影響ということであった．しかし裁判所は当初，例えば戦争を当該債務者の全面的ないし部分的な免責を導く事情と見なすといったようなやり方ではそれにまとまって対処しなかった．それどころか裁判所は，これらの諸事例を1896年制定の民法典の諸規定に基づいて吟味した．民法典の規定はローマ法の伝統に則って個々の契約の障害について定めただけであり，不特定多数の契約の障害，いわば伝染病的に発生する障害を規定したものではなかった．多くの事例についてライヒ最高裁判所は，民法典の規定を大胆に解釈することによって対応出来たが（第一の事例グループについて），しかし他の事例ではそうはいかなかった（第二の事例グループについて）．その当時においてなお，戦争は例外的な事情とは見なされなかったので，経済生活全体への戦争の影響を理由とした民法典の規定する契約法からの離脱は不可能であった．

　敗戦が誰の目にも明らかになった1918年10月，初めて意識の変転が生じた．今やライヒ最高裁判所は世界大戦の歴史的な特異性を印象づけることになり，「従来の国民生活に対するのと同じようなやり方をもってしては対処出来ない全く未曾有の世界大戦」と述べた．1914年に締結され，1915年に更改された銅線の売買契約が裁判上問題となっていたが，銅線を製造するために売主はアメリカ合衆国から電気分解銅を購入しなければならなかった．ライヒ最高裁判所

は売主が契約を解除し得る旨判示した．もはや法律を拠り所に出来ないような事態について，それに慎重に臨むという新しい風潮が，この判決から読み取られる．一年後にライヒ最高裁判所は，造船請負契約について同様の判決を繰り返したが，この契約は1916年に締結されたものの，造船コストの騰貴のゆえに造船所が解除を求めていたものであった．ライヒ最高裁判所は革命についても，世界大戦の場合と同様に経済事情の完全な変更を惹起させるものであると論じ，ここでは特に労働市場の変化を指摘した．

　ささやかな進展がなお続いたが，そこからライヒ最高裁判所は，今や裁判官に課せられるに至った使命と法律に対する裁判官の立場についての結論をはっきりと引き出した．その第一歩は，論争の的となった1920年9月の第三民事部判決において踏み出された．そこにおいて先ず裁判官は，営業の使用・用益賃貸借契約についての前掲した判決に立ち戻るが，それは法律上の根拠が欠けていたので債務者が救済されないというものであった．当時判決が詳細に論じたように，そこでは大戦のもたらした困難の緩和を実現するために裁判官は（元来）契約当事者の間を調整することが出来なかったのである．だが今や第三民事部はそのような姿勢と訣別した．裁判官の第一の，しかも最優先の使命は，回避することの出来ない生活の要請に自己を適合させ，そのことに関連して生活体験によって自己を方向づけることにある，と第三民事部は強調した．この命題の内に，自由法運動の見解を再発見し得ないであろうか？　事実このような命題は，自由法を支持する論究に見出すことの出来るものであった．さらに第三民事部は生活体験を引き合いに出したが，それは大戦の予想も出来ない結末と，それに引き続いた経済情況全般のこれまた予期も出来ない崩壊によって得られたものであった．このような事情は，一定の前提の下に既存の契約に対する裁判官の干渉を求める．そしてその際，法律の規定は，法律への拘束はいったいどうなるのであろうか？　実際のところ，裁判所は民法典の多くの規定（242，157，325条）を参照したが，しかし同時に判決の法律による理由づけを相対化した．参照された民法典の規定によって「望まれる，もしくは必要とされる実定法上の拠り所」が与えられる，と第三民事部は明言した．したがって第三民事部は，既存の契約への大戦および戦後の影響が問われる場合，法律か

らの判決の演繹が依然として必要なのか，あるいはたんに望ましいにすぎないのかどうかといった問題を未解決のままにしておいた．いずれにせよ上述の命題によって法律への拘束ははっきりと緩和されたが，その命題というのも，そもそも自由法運動を精神的な父祖としていたのである．

　しかしその他の判決は，裁判官の役割に対する新しい評価という点でより明確であった．自由法運動のスローガンは，裁判官による法創造ということであった．今やライヒ最高裁判所もそのような表現を用いるようになったが，誤りがなければ，その最初のケースは1919年10月に下された判決であり，しかも上述の判決を下したのと同じ第三民事部においてである．それによると，職場の状態が劣悪なためにリューマチに罹り，それが原因で退職を余儀なくされた公務員がライヒに対して損害賠償を請求した．公務員法にはこのような請求権のための法的な根拠が欠けていた．しかし民法典には，雇傭契約に関して該当する規定が置かれていた（618条）．ライヒ最高裁判所が論ずるには，公法としての公務員法には欠缺が存在するものの，だからといって私法の規定の類推適用によってもそれを補充できない．むしろ民法典の上記の規定は一般的な法思想を基礎としており，この法思想は一般的な性質を持つものであるがゆえに，公法たる公務員法をも支配するのである．ライヒ最高裁判所の指摘によれば，裁判官は今やそのような法思想を「自己創造的に」公法へと導入し，前掲した民法典の規定の規範内容に依拠することなしに独自に発展させるべきである．

　だが裁判官が独自の法を創造し始めたならば，ライヒ最高裁判所自身が挙げるような新たな法曹法は，その場合いったいどのようにして法源についての伝統的な準則に順応するのであろうか？　これについては同じ第三民事部が，1922年に下した二件の判決で情報を提供してくれるが，それはまさにインフレーションが係争を呼び起こしたというものであった．二つの判決において同じような訴訟，すなわち用益賃貸借法に関する先例的訴訟が問題となっているが，ここではその複雑な事実関係を紹介しない．もしライヒ最高裁判所が救済しなかったならば，農場の用益賃貸人は用益賃貸借の属具の償却のために賃借人に巨額を支払わなければならなかったであろうことは確かである．第三民事部が論ずるには，当時締結されていた契約も法律も，貨幣価値の破局的な暴落

に抗して問題の事例を解決することが出来なかった．むしろ裁判官が自己創造的に判決するならば，裁判官法が危機を救うことになる，と．以下に第三民事部の解説をそのまま再現したほうがよかろう．

「三つの法源から，主観的法が形成される．その第一のものは（契約）当事者による約定，つまり当事者の合致した意思であり，次いで立法の途があり，第三に法曹法である．法曹法は他の二つの法源と全く同等に並立する．当事者による約定について，裁判官の活動に関しては解釈のみが問題になるとしばしば指摘されるが，このような見解は全く正しくない．明確に表現されていないものの，当事者双方の意思の実在が諸事情から帰結されるならば，その限りで当事者意思が決定的である．だが当事者が現に生じている情況を前もって考慮していなかったという場合，当事者意思は初めから全く存在していなかったので，当事者による約定の持つ効力はもはや問題となり得ない．と言うのも，この領域でも無から無しか生じ得ないという原則が妥当するからである．総じて当事者の意思が存在しなかった場合には，裁判官が関与し，その絶対的な権力を揮うことになる．法律が機能しない場合には，個別事例について裁判官が立法に取って替わる．そこではしばしば立法の欠缺が論じられるが，しかしそれは正しくない．それは生活の持つあらゆる多種多様な性格が，法典編纂による立法のなかに密封されているかのような観念を基礎としている．そんなことは不可能なのだ．日々新しい法が形成され，生活の持つ創造者としての力は無限であり，そして裁判官はそのすべての場合について法を発見しなければならない．民法典も含めてあらゆる立法は，実際には継ぎ接ぎ細工そのものなのである．このような観点から所与の事例を考察すると，そこでは契約法および一定程度において法律一般についても，それがあまり機能していないという心証が持たれる．1904年に結ばれた契約の諸条項は，当時の事情とものの見方に基づいている．千里眼を持つ者でない限り，いかなる人間も後に生じた事件を予見することは出来ないであろう．そうであれば，もしかするとある時期にドイツに対する戦争が勃発するというのは計算可能かもしれないが，しかし実際に繰り広げられた世界大戦や，それが及ぼす影響については誰も予測することは出来なかった．それゆえ現に生じている事態について，そして市況利益をいかに

取り扱うべきかについては，当事者は何も予定出来なかった．したがって法曹法が，当事者による約定を超えて威力を発揮しなければならない．同様のことは，法律についても妥当する．民法典の持つ立法としてのファクターは，昨今の事態の進展について民法典に予測を持たさせることが出来なかった．それを形成した法的基礎は当時のものの見方に依拠していた．しかしとりわけ次の点に留意されるべきである．すなわち，将来の運命のすべては，当時の立法者をも含めた人間の意識と思惟から抜け落ちている．それが計算に入れられていない．しかも当事者による約定はそこでは機能しないという理由から退かざるを得ず，法曹法が効力を発揮すべきなのである．」

　以上の詳述は公式の判決からではなく，この先例的訴訟を穏便に結審させようとした第三民事部の決定から引用したものである．そのためであろうか，裁判官は自己の意見を表明するに際してより自由に振る舞えると感じていたらしく思われる．いずれにせよ彼らは，裁判官としての新たな自意識を理論的に明確なものにすることを躊躇しなかった．主観的法は当事者の意思，あるいは法律に基づくのみならず，法曹法にも基礎づけられる．法曹法は初めの二つの法源，つまり当事者の意思および法律と全く同等に並ぶとされたのである．（但し）法曹法がどこからその正当性を獲得するのか，ということについては明らかに未解決のままである．当事者意思および当事者による約定に対する裁判官の絶対的権力が認められているものの，法律に対する関係では明瞭ではない．しかし他方でそれは，法律に基づいているものでもなければ，法律から導き出されたものでもない（それゆえ1885年に公にされた「法律と裁判官職」において，裁判官による法創造を国家の立法権への参与として，国家による授権に還元させたオスカー・ビューロー（の見解）との連続性は認めがたい）．総じてライヒ最高裁判所は，前述のような命題を世界大戦以前には書き留めることは出来なかったであろう．自己の役割の新しい評価へと裁判所を駆り立てたのは，この時代の激動であった．その原因の幾分かは，軍事的敗北と政治・社会革命で明らかになった裁判所の存在の劇的な変化にあった．だがそれにも関わらず，自由法運動の影響ないし遠隔作用を論ずることが出来る．なぜならば自由法運動こそ，そのような新しい評価を方法（論）的に準備し，法曹法を他のも

のと同等の法源として発展させるという職業的な風潮を生み出すのに寄与したからである．

III

　用益賃貸借の属具の価値評価をめぐる判決は，農業経営者の多くに関わるものであり，それゆえ既に見たように先例的訴訟において下されたのである．しかしその社会的影響は断然，増額評価についての有名な判決に勝るものではなかった．増額評価判決は1923年11月にライヒ最高裁判所第五民事部が下したものであったが（同月やはり同様の判決を下している），貨幣制度改革以前の当時，一ドルと交換するのに四兆マルク以上を要した．この超インフレーションは次の事態をもたらした．すなわち他のすべての債務と同じく抵当権もマルク紙幣によって償還されたが，債権者はそれをもってしては，一片のバターパンすら買うことが出来なかった．だが立法者はこの事態を成り行きに任せた．ライヒは租税によるのではなく，公債を通じて国民から戦争遂行のための資金を調達したので，それ自身最大の債務者となっており，したがって増額評価にいかなる関心をも示さなかった．しかも債権者・債務者間の利害対立がいつもながらの政治的抗争と関係なかったという理由から，また使用者と労働者という（労使紛争の）パートナーそのものがそれに無関心であったという理由からも立法者は何もしないままであった．このようにしてインフレーションの犠牲者は，希望を裁判に託することになった．ライヒ最高裁判所は裁判官の持つ権限を踏み越えたくなかったので，長い間関与を躊躇していた．発展した国民経済においては通貨の規制は，経済の大綱に関しての立法者の判断に属することだったからである．また通貨の下落は伝染病と見なすことも出来た．けだしそれはすべての契約を障害する可能性を持ち，それゆえこのような伝染病の抑制は立法者の固有の使命の一部とされていた．

　しかしそれにもかかわらず国家がルールを守ろうとしない様子なので，結局裁判所が呼び出しを受けたものと自覚した．判決において，被担保債権の増額評価が裁判上許容されるものとされたが，そのことによって名目主義の原則に

立つライヒの通貨法が事実上根本から変えられてしまった．その理由づけとして，債権関係において信義誠実を遵守すべしとする民法典の規定（242条）と大雑把な実質的正義を引用した．しかし民法典の規定への依拠は表面的で，中身に乏しかったし，さればとてその反面私法上の手段を採ることに対する要求があまりにも大きかったので，明らかにそうしないで済ませることも出来なかった．けれども第五民事部は，裁判官による法律に反する法の継続的形成を語ったり，法曹法を独自の法源であると明言することを憚った．この判決の社会的作用は，敗れた戦争のコストを一定の範囲で貨幣価値の占有者と実物価値の占有者の間で平等に分配させるのに裁判所が手を付けたことにあった．したがって，この判決は適正な判決であり，それゆえまた，ワイマール時代においてなされ，そして1949年（ドイツ連邦共和国・ドイツ民主共和国の成立）以降多くの歴史家によってなされた（客観的な）階級的司法であるとの非難は，単にイデオロギー的なものにすぎず，歴史的に根拠のあるものではない．

　ライヒ最高裁判所は通貨法に違背して判決しながらも，民法に則して論証し，民法典を参照した．しかし実際のところ，元来縁のなかった二つの領域，すなわち政治，および憲法のそれに関わってしまった．政治的にはライヒ政府は，ライヒ最高裁判所の判決を越権と受けとめ，それを受け容れるつもりはなかった．内閣は裁判官による増額評価を法律によって（より正確には，授権法に基づく命令によって）差し止めようと図った．新聞が報道したこの目論見は，ライヒ最高裁判所の若干の裁判官のなかば政治にかかわり，なかば司法にかかわるような激しい反応を引き起こした．ライヒ最高裁判所内には既に一，二年前から裁判官協会が存在しており，四人で構成されるその理事会を刑事部の勤勉な部長であるアドルフ・ローベが率いていた．1924年1月に起草され，法律雑誌への掲載によって公表されたライヒ政府への請願において，理事会は政府の企図した法律を立法者の絶対的な命令であると決めつけ，司法に対する絶対王政の不当な干渉を思い起こさせた．裁判官はそのような絶対的命令に屈伏しないであろう，と理事会は表明した．いわく，政府の意図する増額評価の禁止は信義誠実に反しており，非倫理的であって，実質的にみれば憲法違反の公用徴収や個別租税を意味することになる，と．このようにして最高裁判所の

裁判官が公然と，法律への服従を拒絶すると告げたのであった．それは政治と司法の前例のない危機をもたらしかねないような，ドイツ史上「前代未聞の」出来事であった．しかしそのような危機は結局のところ，生じなかった．そもそも理事を務める裁判官があまりに先鋭化しすぎたのであり，とりわけ同僚の意見にあまり配慮することがなかったのである．確かに上述の請願は「ライヒ最高裁判所の雰囲気」を（政府に）警告したものであったが，しかしもともとそこでの雰囲気を理事会が誤って評価したのであった．時を経ずして民事部所属の五人の裁判官が，請願を認めようとしなかった．事態は明らかに微妙に推移していった．同時代人はともかく，後になって振り返ってもほとんど気づかせないようなものである．理事会の請願は1924年1月8日の日付を持っていたが，早くもその17日後に第三民事部は，暗にこの請願から距離を置く機会を得た．それはライヒ政府の授権法に基づく命令の効力が問われた時であった．特にその命令が善良の風俗にそぐわないか，あるいはそれが信義誠実の原則に反していないかが論議された．そして「原則として，裁判官は総じて合法的に公布された法律の適用を，その内容を理由に否定することの出来る権限を持たないので」，以上の論議に関わる必要はない，と第三民事部は述べた．要するに第三民事部の裁判官は，裁判官協会理事会の請願をはっきりとは突っぱねることが出来なかった．この少し後に連合民事部が同様の事案を判断しなければならなかった．その決定は上述の論議にはっきりと立ち入らなかったが，しかし第三民事部が他の論証を根拠としてそれに適切に反駁したという概括的な表現によって請願を非難した．文章をもって明確に（非難）出来たし，裁判官協会の名を挙げ（てそれを批判す）ることも出来た．事実，ライヒ最高裁判所長官その人であったヴァルター・ジーモンスは，ドイツ法曹新聞の四月号で立場を明確にし，シュタムラーの「正法」の概念を引用しながら裁判官協会に対して次のように強調した．すなわち，「憲法に則して形成された規範を正法という観点をもって批判し，それによって主権を持つ立法者に超越すること」を第三民事部は拒絶した，と．のちにライヒ最高裁判所の他の裁判官は，請願が「一個人もしくは少数者の無権代理的な判断および表明」を再現したにすぎず（ローベの他にアロイス・ツァイラーがここで念頭に置かれている），たかだか

ライヒ最高裁判所のほんの少数がその後ろ盾になっているだけであると述べた．このように裁判官協会理事会は孤立したままであったので，ライヒ政府としては，ライヒ最高裁判所裁判官の間の「雰囲気」を適当に見定めた上で，司法大臣の答弁書をもって対応するだけでこと足りたのである．今や以下のことを確認しておくべきである．すなわち，立法者への服従を拒絶するという脅迫めいた請願は，ほんのわずかの裁判官に支持されていたにすぎないのである．このような事実からして，ライヒ最高裁判所を裁判官協会理事会と同一視するがごとくに編纂された史料から，多くの著述家がライヒ最高裁判所の反議会主義的な姿勢もしくは悪行を引き出したのは，軽率なことなのである．反議会主義を擁護する，あるいは反対に議会主義を擁護する論拠を（安易に）模索したものだから，裁判所と理事会とを同一視してしまったワイマール時代の著述家を引き合いに出したところで，今日このような断定をもはや正当化出来ない．

IV

だがライヒ最高裁判所の増額評価判決は，政治の扉のみならず，憲法の扉をも叩くことになった．明らかに第三民事部は，この事実それ自体を意識していなかったように思われる．裁判官は民法の一般条項によって論証したが，このような過程に憲法上の意義を付与することは，当時としては驚くべき考え方であったであろう．ここでも裁判官協会理事会の請願が一定の役割を果たしていたが，しかしこの場合それは消極的な影響ではなく，積極的な影響を伴っていた．既に見たように，請願において（理事会メンバーの）裁判官は，民法典の一般条項のみならず，憲法の一定の規定さえも持ち出していたのである．憲法までも引き合いに出して，今や出されようとしていた法律を受け容れ難いものとしたかったのであろう．このような声明によって，違憲立法審査権という周知の分野に関わることになった．周知と言うのは，19世紀以降裁判官の持つ審査権が流行のテーマであったからである．裁判官の審査権の歴史は，昨今も繰り返し論じられているが，ここではそれをもう一度再現する必要はない．知られているように1921年の判決でライヒ最高裁判所は，審査権をめぐる総括的な

命題を定立した．この確定した判例によれば，裁判所は法律と命令の形式的および実質的な合法性を審査する権限を持つとのことであった．その有する一般性に鑑みてこの命題は正しくない，とその同時代人から既に指摘されていた．確かにライヒ最高裁判所は，審査を排除する可能性を立法者に留保したので（この留保のことを最近の文献は見落しがちである），裁判官はその審査権を議会の裁量に委ねていた．しかし最終的な決定権を議会に委ねていたからといって，ライヒ最高裁判所は，裁判官の審査権に親しむ憲法問題を「恥じることなく」黙って見過ごすことが出来たであろうか？

これに次ぐ判決は特に興味を引くものである．すなわちライヒ最高裁判所が，裁判官協会理事会の請願からそっけなく距離をおいた前掲の1924年1月の（第三民事部）判決である．確かにそこでは，民法典の一般条項は法律を超越すると声明した限りで請願が非難されたが，法律を憲法の規準で測ろうとしたことについてはそうではなかったことが付け加えられねばならない．問題になった命令（授権法に基づく命令）の合憲性について具体的な点に関しても，この裁判において直ちに審査がなされた．そして同様のことが，連合民事部の判決で繰り返された．

これらの裁判では敗北した戦争から生じた結果の調整が問われており，同じことは以下に挙げる判決にも妥当する．これも再びインフレーションと増額評価に関わる．だが今や立法者は裁判官による増額評価を禁ずることを断念し，1924年2月14日の第三次租税緊急命令によって，一定の請求権について定率で15パーセント増額評価することにした．しかしこの低いレートは債権者を幻滅させ，かくしてライヒ最高裁判所は直ちにこの命令の合憲性を審査しなければならなくなった．増額評価判決を下していた第五民事部がこの問題と取り組まなければならなかったが，既に増額評価を肯定したという理由から，それは先ず次のことを強いられていると感じた．すなわち該当する請求権に関して，裁判所による衡平に基づくケース・バイ・ケースの審理に代わるものとしての，形式的な（一律15パーセントの）増額評価についての政府の決定を正当化しなければならないということである．次いで第五民事部は，個々の憲法の規定，なかんずく153条の所有権の保障，134条の租税の平等の原則，したがって理事

会の請願が引き合いに出した憲法の規定に配慮していった．しかし第三民事部が既にそうであったように第五民事部もはっきりとは反論しなかったにせよ，民法の一般条項を法律に対して優先的に機能させるべきとする理事会の声明から距離をとっていた．これに対して憲法問題を扱ったとき，裁判官の審査権それ自体については論議しなかった．

しかし二年後に第五民事部は，その埋め合わせをした．それまでに第三次租税緊急命令に代わって，増額評価法が1925年7月16日に制定されていた．それによればより高い増額評価レート，つまり25パーセントが定められていたものの，依然として債権者を満足させるものではなかった．さっそくこの法律の合憲性も疑われることとなって，ライヒ最高裁判所がその効力について審査することになった．しかし今度は第五民事部は，裁判官の審査権について明確な態度をとった．もっとも挿入文の形式をもってであって，しかもこのテーマに判決の理由部分の一ページ以上も費やしてはいない．これに関連する文献がそこで引用されておらず，その叙述もこの問題についての論争の凄まじさを悟らせない．第五民事部が裁判官の審査権を肯定する際に用いた論証は，むしろ次のように簡潔なものであった．いわく，立法者は憲法を無視出来るが，そのためには特別多数を必要とする（ワイマール憲法76条）．もしこの要件が充足されなければ，憲法と法律とは対立することになるが，法律はたとえ憲法よりも後に公布されたとしても，憲法に譲歩しなければならない．憲法それ自体は裁判所から審査権を剥奪していないので，裁判官は法律の合憲性について判断すべきである，と（この際増額評価法は，その二年前に租税緊急命令が審査された時に用いられたのとほとんど同じ憲法の条項にしたがって測られた）．以上の命題それ自体は不充分で，疑問のあるものとしてしばしば非難されているので，そのままにしておこう．だがもしもその成果，つまり裁判官の審査権を肯定しようとする第五民事部の姿勢が非難された場合に，総じて第五民事部には別の選択のしようがあったのかどうかが問われなければならない．もし審査権を否定したならば，過去に自分の下した判決と他の民事部のそれとを法的に見捨てるだけではない．とりわけインフレーションの犠牲者を叩いたりすれば，逃避的で意気地なしとの非難がライヒ最高裁判所に投げかけられたであろう

し，増額評価をめぐる危機は，最高裁判所に対する厳しい信頼の危機に転化し得たであろう．けれども次のことを思い起こそう．すなわち，裁判官はインフレーションが引き起こした危機に際して，立法者が何らの活動もしなかったから，調整を行おうと試みたことを，裁判官はささやかな範囲においてであれインフレーションの犠牲者を救済しようと急いだということを．立法者が今や採るに至った増額評価の措置を，憲法上の効力の面から審査するのを裁判官が初めから退けたならば，権限行使の拒絶との非難が多かれ少なかれ投じられることになり，裁判所はその信頼性を喪失することになったであろう．今日におけると同様に当時にあっても，審査権を是認したという理由で裁判所を誇る者は，判決の置かれた経済的・社会的背景を無視しており，また判決が，増額評価問題をめぐる判断，すなわち経済的・社会的，そして政治的な危機の時代に下され，まさに危機を緩和する意図でなされた判断の連続したレール上を移行していったことを看過している．別の表現を用いれば，歴史的な脈絡を見過ごして，判決を専ら，もしくは憲法および憲法政策的な観点からのみ捉えようとすれば，裁判官が審査権を肯定した歴史的な場面を見誤ってしまう．憲法上の権力の展開を顕示する，権力の間の境界線を自己に有利なように移動させようとする要求や，立法機関および政府と並んで，あるいは少なくとも国事裁判所と並んで一個の憲法機関になろうといった関心が，ライヒ最高裁判所には微塵もなかった．

そしてライヒ最高裁判所にしばしばなすり付けられた，また昨今もなすり付けられている腹黒い政治思想，反議会主義的あるいは反民主主義的な内なる願望や動機（といった疑い）など，一切問題にすることは出来ない．ライヒ最高裁判所が審査権を行使したやり方を一瞥すれば，すべての誤りを正せたはずである．ほんのわずかの判例においてのみ，ライヒ最高裁判所は法律の規定を違憲であると判示したにすぎなかった．裁判官は，多くの基本権に付け加えられた法律の留保を一般に広く解釈した．そこに彼らの立法者，すなわち議会に対する忠誠が反映しており，それは他の場面でも見られた．そのような忠誠の一つとしては，例えばワイマール憲法153条の所有権の保障に関して，ライヒの立法者が公用徴収に対する補償を排除出来る旨の規定をライヒ最高裁判所は広

く解釈していたことが挙げられよう．さらに裁判所は憲法の条項の全てを，とりわけ全ての基本権を提訴可能で，司法上の救済を求めることが出来るものとは解せずに，むしろ憲法の規定の多くを将来の立法のための規準，あるいは単なるプログラムにすぎないものとして押し退けた．最後に，裁判官は被拘束の原則，つまり109条の定める法の下の平等という原理への立法者の拘束という学説を，たとえ反議会主義的な傾向の法学者から熱心に慫慂されても受け容れようとしなかった．ライヒ最高裁判所はこの問題について明確に判断しないままにしておき，そうすることによって，議会制に危機をもたらすような武器を鍛錬しなかった．裁判官の審査権の領域では，ライヒ最高裁判所は冷静に注意深く行動した．立法と司法のバランスを崩すか，あるいは国家体制の議会主義的な要素を疑念に曝すであろうすべてを忌避した．さらに，裁判官の審査権の肯定には反民主主義的な傾向が作用していたと言う者は，次の問題，すなわちワイマール共和制が絶対的・全体主義的な民主主義としてではなく，立憲民主主義として構想されたという事実に直面して，その者自身がそもそもどのような民主主義の概念を用いているのかという質問に答えなければならない．なぜならば，裁判官の審査権は当然のことながら憲法を回復するためのものであって，ワイマール共和制の立憲主義的な性格を強固なものにしたからである．ワイマール共和制をめぐっては，多くの伝説，それも否定的で悪意のこめられた伝説が作られており，それゆえそれらを暴いて，ワイマール時代を歴史的にきちんと扱うようにするために多くの努力を費やさなければならないのである．

V

　ライヒ最高裁判所が法律の合憲性を審査したときに，抑制を示し，（多くの国法学者が惹かれがちであった）政治的な誘惑に抗ったことを見てきた．この結果を，法律に対する裁判官の自由の増大について，そして法曹法を独自の法源として意識することについて（前述のところで）確認した事柄に結びつける場合，さらに次の段階に達することになる．この段階において，裁判官の違憲立法審査権を認めたライヒ最高裁判所の判例を歴史的に正しく整理することが

出来る．自由法運動は裁判官に法創造的な機能を認めていた．実物給付と金銭給付に関して契約法を混乱に陥れた戦時および戦後の苦難は，法律に対するより大きな自由を裁判官に要求させ，その結果として，裁判官は自己の使命と自身が作り出したものとを法源の枠組みのなかで新たに明確にすることにもなった．しかしこの時代の出来事が引き起こし，無理強いさせた以上のプロセスは，法および政治の両面で大きな危険を内包していた．このことを1920年9月の判決が既に示唆していた（ライヒ最高裁判所民事判例集100巻129頁）．そこではたとえ傍論においてであれ，裁判所は判決を基礎づける法律規範の探求を望ましいものと見なすだけで，無条件に必要なものとはしなかった．このような危険は，1923年11月の増額評価判決でよりはっきりと現れていた（ライヒ最高裁判所民事判例集107巻78頁）．そこでは裁判官は，信義誠実とより実質の乏しい衡平とを引用することによって，通貨法と共に経済の根本的な原則を押し退けていた．数週間後ライヒ最高裁判所内の裁判官協会理事会は，（ライヒ政府によって提出を）予定された法律が信義誠実と善良の風俗という規準によって測られ，場合によっては適用されないであろうと声明した．たとえこの声明の背後にはほんの一掴みの裁判官しかいなかったとしても，それはいかなる困難に裁判官の新たな自由が引き込まれる恐れがあるのかを劇的に印象づけた．だがライヒ最高裁判所はほんの短期間の間に舵をきり，もしもここで用いることの出来る規準が，信義誠実，あるいは善良の風俗をおいて他にないならば，合目的性という観点のもとでも，適法性の観点のもとでも法律を審査しないと言い渡した（ライヒ最高裁判所民事判例集107巻315頁，同巻370頁）．まさに憲法の規準で——そしてここで，裁判官の審査権が巻き込まれていった歴史的な関連性に突き当たるのだが——，まさに憲法の規準によって法律が問われるべきことになる．このような問いかけはライヒ最高裁判所によって直ちに実際になされ，そうして第二の歩み（ライヒ最高裁判所民事判例集111巻320頁）において初めて正当化された．言い換えれば，ライヒ最高裁判所が裁判官の審査権を行使したとき，自分の領地を拡大したのではなく，全く反対にそれを狭隘にしたのである．裁判官の手中にあって法律に敵対的な（それ自体内容のない）白地の公式へと転化しがちであった民法の一般条項という領土をライヒ最高裁

判所は失い，憲法の規定の領域へと撤退していった．このような撤退は同時に，一般条項の内に隠れて存在したほとんど無制限の，しかも曖昧な玉虫色の権限を利用出来る可能性を放棄することを意味した．それは憲法の基本権，およびそれに類似した規定のために，すなわちあらゆる場面において，その展開が求められる全ての場合において，確実でよりきちんとした操作が可能な規範のために放棄されたのであった．ライヒ最高裁判所が民法の一般条項から撤退し，審査の規準として憲法の条文のみを承認したとき，歴史的な脈絡から見てまさにある種の裁判官の自己抑制を語ることが出来る．このライヒ最高裁判所民事判例集111巻にみられる判決は，一連の判例の成果であって，その発展は既に100巻，あるいはそれ以前の1918年10月の判決において始まっていた．裁判官の形式的および実質的な審査についてのほとんど確定した判例を概括的に引用する102巻の判決は，111巻掲載の判決のいわば二番目の父を意味するにすぎない．二番目の父と断言するのは，それがライヒ最高裁判所の判例についての歴史的評価を前面に押し出したからである．

　以上述べた意味での自己抑制に，ワイマール時代のライヒ最高裁判所は常に固執した．例えばしばしば引用される1927年の判決は，次のような命題を持っていた．すなわち，「立法者は専断的であって，憲法あるいはそれ以外の法律において自ら設けたもの以外のいかなる制約にも拘束されない．」より子細にこの判決を見ると，大戦とインフレーションの影響を規制したライヒの法律を善良の風俗の規準で測るという新たな試みを防ぐことがそこでは肝要であって，立法者についての「専断的」という評言はそのような試みに関係づけられているにすぎず，命題で名指しされた憲法に立法者を拘束させることに関わってはいなかった．この判決はいたる所で「実証主義的なもの」として叱責され，それのナチス時代への連続性が指摘されている．しかしそれは，引用された上記命題が一人歩きさせられており，既に見たようなほとんど10年に遡る判例の相互関連が吟味されていないからに他ならない．だが小さな石が集まって（石造の）建物を成しているのである．上に引用された判決では裁判官による法律のコントロールの手段としての善良の風俗という規準が，この後の判決では信義誠実の規準および衡平という規準がそれぞれ非難されていた．これらの

判示のすべてにおいて，1923年11月の増額評価判決と裁判官協会理事会の請願の後遺症が問題とされており，当該判決や請願はまさに上記の規準に訴えていたのである．（見落としがなければであるが）ライヒ最高裁判所はもはや「裁判官の絶対的な権力」を語ることはなかった．しばらくの間に不確定なまでに広がってしまった法律に対する裁判官の自由は，裁判官自身によって再び抑制された．裁判官はもはや自分を法律の奴隷とは見なさなかったものの，しかし憲法規範ととりわけ基本権が，立法者の活動領域と全く同じく，裁判所のそれを限界づけた．

このようにして，自由法運動，およびそれ以上に第一次世界大戦とインフレーションのショックが様々の誤りと迂回の後に，裁判官をワイマール憲法へと，すなわちドイツ第一共和国の基本法へと導いた．確かに当時裁判官は自己抑制したが，しかし魔力は破られ，そうしてすべての法創設的な機関を拘束する規範へと基本法も変遷していった．たとえこの直後ナチス時代によって中断されることがあったにせよ，以上の経緯をドイツ法史における百年に一度の事件であったとここで指摘しても，行き過ぎではない．そして次のことに留意すべきである．つまりライヒ最高裁判所や裁判官はあくまでも民事法上の理由によって転轍させられたのであって，それは国法学，したがって狭義におけるその（違憲立法審査制度の）専門家が，動機はそれぞれ異なるにせよ，基本権についての（上述したような）新たな見解を多数説として獲得するに至る以前のことであった．

(翻訳：廣瀬　克巨)

討　　論

司会(小島)　ただいまネル先生からご講演をいただきましたので，その点についてラウンドテーブルのディスカッションに入りたいと思います．

なお，お配りしてある翻訳は中央大学の民法の廣瀬教授によるものでございますが，きょうは，大学の公用の関係で欠席されております．

早速，ディスカッションを行いたいと思います．

ドイツ語で直接質問していただいて，日本語でその結果を要約していただくか，あるいは日本語でお願いして，福田さんに通訳していただくか，どちらでも

結構でございますが，よろしくお願いいたします．

村上 質問は二つあります．

一つは，昔，私も自由法運動のことを勉強いたしましたが，特にオイゲン・エーリッヒの場合は，ネル先生がおっしゃったように裁判の方法を革新しようというだけでなくて，その裁判を担当する裁判官というものを変えようということを考えていた．

その際，エーリッヒの念頭にあったのはイギリスの法律家であって，必ずしも官僚制的に養成されたドイツの法律家にそのまま強力な権限を与えようというように考えていたのではなかった．

そうではなくて，イギリスの法律家のように一種の身分制的な権威を持っている法律家に十分な権威を認めるということを考えていた．

しかし，長い伝統を持つ制度を簡単に組みかえられるかどうかというのはやや疑わしいことだった．したがって，そこから自由法運動に対する批判というのも出てきたのではないかということを申しました．

二番目の質問は，裁判官の全能を認めるという際に，その全能を何によって正当化するかという問題で，裁判官による裁判官法というものが法律や契約と全く対等のものだと主張される場合に，それが法治国原理とどう調和するかということをめぐってその後もずっと議論がなされてきております．横方向で対話によってコンセンサスが基礎づけられる，そのコンセンサスによって正当化するという考え方と，価値のヒエラルキーというものがあって，そのヒエラルキーによって正当化するという考え方がありますけれども，どちらも難点があってうまくいかないのではないか．

こういう裁判官法の正当性の根拠をどこに求めるかという問題について，ネル先生はどうお考えかということでございます．

ネル 第一のご質問についてお答えいたします．

イギリスの裁判官をモデルにするというのはエーリッヒだけではなくて，既に第一次大戦前にフランクフルト市長だったアディケスという人がそういうことを唱えていて，それがエーリッヒに影響したのかもしれません．

ただし，その際にアディケスもエーリッヒもイギリスの制度の半分しか見なかった．つまりイギリスの裁判官が官僚的に養成されたものではないということは確かに見ていたけれども，それと同時にそういう裁判官が法律には拘束されないとしても，先例に厳しく拘束されていた．大陸法の裁判官が法律に拘束されるよりも，むしろ強力に先例に拘束されていたということを全く見落としていた．それが，イギリスを理想的に見たということの欠陥だということになります．

そして，ワイマール共和国以前のドイツにおいては立憲君主制がとられていたので，裁判官に広い権限を認めるということは立憲主義の立場に立って君主制に対抗するという意味を持った．

それに対して，ワイマールの場合は，もはや君主制ではなくて民主主義ですから，裁判官に広い権限を認めるということになると，民主的な議会が決めた法律というものから離れる事情を認めること

になった.

したがって，ワイマールになると，自由法運動，自由法学派の声というのは急に弱まることになったのです.

(通訳：村上)

ネル 二番目の問題，すなわち裁判官の全能をいかに正当化するかという問題に入ります．私が報告の中で皆様に部分的に引用し読み上げてご紹介した決定において，ライヒ裁判所は，この二番目の問題について何も述べませんでした．ライヒ裁判所は，そもそもこの全能の正当化をどこから持ち出したかについて，何も言っておりません．しかし，ここに私達は，暗示的にでありますが，非常に重要な発展を見て取ることができます．この発展は，私の考えによれば，ドイツ近代法史全般の最も重要な発展の一つです．お許し頂ければ，分かりやすいように，黒板を使って，ごく簡単にこのことを示させて頂きます.

一つは，1923年の増額評価判決 (RGZ107,78) で，もう一つの判決 (RGZ111,320) はその2年後に出ました．この1925年の判決は，有名になった判決で，この判決において，ライヒ裁判所は，裁判官の法律に対する違憲審査権——judicial review——，つまり憲法を基準に法律を審査することを肯定しました．ライヒ裁判所は，法律の合憲性を判断する権限を肯定したのです.

1923年の判決と1925年の判決においては，裁判所がライヒの法律を審査し，場合によってはライヒの法律を廃棄しましたはかいくぐったかどうかという問題が重要です．1923年判決においては，私が既に言及したように，ライヒ裁判所は，ライヒの通貨法を——これは1914年の法律ですが——実際にはかいくぐり，骨抜きにしました．このようなことを行ったライヒ裁判所の正当性は，どこにあったのでしょうか．ライヒ裁判所が民法典，つまり民法242条に正当化を求めました．すなわち裁判官の全能の正当化は，この1923年判決では古い法典において探され，見出されたのです．二番目の1925年判決では，状況が完全に変遷しました．ここには，私の報告の中で描写された様々な出来事がありました．このことをここで，詳細に述べる必要はありません．これらの出来事のために，ひいてはライヒ裁判所が法典から離れて動くようになりました．ライヒ裁判所は，法典から離れたのです．ライヒ裁判所は，正当化との関係では，法典に別れを告げ，憲法という場に入っていったのです．ライヒ裁判所は，1925年判決においてはもはや民法242条の信義則を基準に法律を審査するのではなく，専ら憲法の条項を基準に審査するのです．裁判官の全能の正当化は，もはや法典の一般条項においてではなく，専ら憲法に見出されました．このことは，20世紀における最も重要な発展の一つです．ここで，まさに，パラダイム転換を語ることができます．1920年代までは，法典特に民法典が，全法秩序の指導形象 (Leitbild) でありましたが，この移行をもって，今や憲法が，法の指導形象のモデルとなります．法典ではなく，憲法を基準にし始めるのです.

(通訳：福田)

福田 お話の途中で済みませんが，法典 (Kodifikation) と憲法 (Verfassung) とはどうちがうのですか．憲法も法典の一

つではないのですか．

ネル 法典とは，民法典とか商法典などを指し，憲法とは区別されます．話をもどしますと，この法典から憲法への基準の転換に表される発展は，将来における可能性を持つものでした．この発展は，勿論1933年に始まるナチ時代によって中断させられます．まさに1945年以後，正確にはボン基本法以後，このパラダイムは再び現れます．そして今日においても憲法が当然ながら裁判官法の正当化を与えています．

（通訳：福田）

村上 単純な法律によって正当化するというやり方から憲法による正当化に移った．それがナチスのときに中断されたけれども，1949年に西ドイツが独立主権国家になり，連邦憲法裁判所ができて以来，また憲法による正当化ということになったわけですが，先ほど福田先生が訳されたように，憲法も一種の実定法だというふうに考えれば，憲法のテクストによって裁判官の全能が正当化されるということも通りにくい理屈だということになります．

憲法のテクストあるいは法律のテクストというものは，まだ法規範でない，憲法規範でもない，法規範あるいは憲法規範というのはテクストを利用して裁判する裁判官によって初めて規範がつくられるんだという主張が出てきております．

そうだとすると，その裁判官が初めて規範をつくる，その正当性はどこにあるのかという問題がもう一つ出てくるので，パラダイムが変わったというならば，確かにあそこでは一つ変わりますけれども，現代ではもう一つ変わるということになっているのではないでしょうか．

ネル ご指摘はごもっともです．しかし，村上先生，その問題は，法典との関係でも存在したのです．法典のテクストだけが重要であったことは一度もありません．常にテクストおよび解釈が問題となります．これは，自明のことです．すなわち極めて正確に言うのならば，私は，ここで「法典のテクストおよび解釈」と表現しなければなりません．このことは，憲法にとって特別な問題という訳ではありません．なぜなら，ライヒ裁判所は，条文を——ここでは民法の信義則を——広く解釈しなければなりませんでした．そしてそのことによって通貨法を骨抜きにすることが可能でした．ここで申し上げることができますのは，この解釈の問題が，憲法にとっての特殊なことではなくて，先の場合でもあの結論に至るためには，法典でさえ鷹揚に解釈しなければならないということです．

（通訳：福田）

司会（小島） グロスフェルト先生がご意見があるとおっしゃっています．

グロスフェルト 私は，村上先生のおっしゃることを正しく理解できました．しかし現在，ドイツで問題となっているのは，裁判官自身が憲法の解釈を通じて憲法制定者になってしまうということです．これは，新しい次元であり，私はこのようなことは，時には危険であると考えております．裁判官が自分で解釈を通して憲法を作ってしまうのですから．誰が，憲法の裁判官を監視するのでしょうか．

（通訳：福田）

ネル グロスフェルト先生，私は，現代的な発展の評価においては，あなたの意見に賛成です．しかし私のテーマとの関係では，そのような評価から多くのことは出てきません．なぜなら，裁判官は以前には，言うならば法典制定者であったからです．私達は私達の持っている現代的観念から離れて考えなければなりません．憲法は，法典の時代には，今日のような役割を担っていませんでした．パラダイム転換があったのですから．あなたは，憲法解釈者すなわち憲法を解釈する裁判官を危険と現在考えていますが，法典の時代の当時，人々は法典解釈者としての裁判官を危険であると考えました．

（通訳：福田）

司会（小島） なかなか難しい問題になりましたけれども，村上先生，今のお答えでよろしいですか．

何かご意見がございますか．

それでは，大分時間も過ぎてまいりましたが，短い質問をあと一つだけご紹介したいと思います．

畑尻 ただいまの発言についてですが，右の方の1925年の11月4日の判決ですが，先生がおっしゃったフェアーファッスンクというのは，具体的には憲法の基本権規定を指すのですか，あるいはライヒ憲法の102条の裁判官の独立というものを指しておっしゃっているのか，それだけ確認したいと思います．

ネル この問題の中では，ワイマール憲法です．すべての事件において，インフレーションと増額評価が扱われました．これが時代の主要な問題でした．憲法の条数で言えば，153条の所有権条項，114条の課税における平等です．インフレの被害者は結果において特別税を払ったことになるという議論をすることができるでしょう．114条は，109条の平等条項に関連します．これらが，ライヒ裁判所が増額評価問題において憲法を扱った裁判における三つの重要な条項です．ワイマール憲法の153条の所有権に関する条項と114条の課税に関する平等性と109条の一般的な平等原則を指したということです．

（通訳：福田）

石川 一つだけお伺いいたします．

テクスト・プルス・インタープレタチオンということですけれども，その事例などを見ておりますと，どうもインタープレタチオンの範囲を超えているのではないかという感じも持たないわけではありません．

一体，先生はインタープレタチオンの範囲というもの——これは非常に難しくて答えにくい問題だと思いますけれども，それはどういうふうにお考えになっていらっしゃいますか．

ネル 1923年と1925年には，多くの法律家が，あなたがおっしゃったことと同じことを，すなわちライヒ裁判所は解釈においてその権限を越えてしまったと指摘しました．したがって私は再び私の出発点に戻ります．これらの訴訟と，それの間にあってこの発展を形成したその他の訴訟において問題となったのは，大きな社会問題です．これらの訴訟は，国民のすべての階層に関係していました．私の印象によれば，ライヒ裁判所は，何カ月も躊躇しました．社会的困窮が非常に深刻になり，その結果，裁判官達は，

──あなたが純粋に法律的に言って誠に正当に指摘したように──限界を越える決断をしたのだろうという印象を持っています．

(通訳：福田)

司会(小島) タイムスケジュールを検討しましたところ，あと10分ぐらいは時間を延ばせるのではないかと思いますので，ほかにご質問ございますでしょうか．

古野 先ほどのご質問と関係しますけれども，インターレッヒトの限界，裁判官が法及び法律に拘束された場合，特に憲法の解釈の段階で，どういう形で裁判官が憲法ないし法に拘束されるかという点について質問したいと思います．

福田 普通の法律の解釈について，憲法段階でどのような拘束が裁判官にあるかということですか．

古野 さらに憲法の解釈……．

ネル ライヒ裁判所は，憲法の解釈に当たっては，法典の解釈に際してよりも，注意深く行いました．

憲法に関する有名なドクトリンがあります．すなわち立法者も平等主義に拘束されているという学説です．ワイマール時代には，立法者つまり民主的な立法者たる議会も平等主義に拘束されているかについて，論争がありました．ワイマール時代の有名な国法学者であるトリーペルは，保守的な法律家で，議会の権力を制限したいと考えていました．この理由から，トリーペルは，法比較の研究をして，アメリカ合衆国憲法とスイス憲法を扱いました．トリーペルは，アメリカ合衆国の最高裁判所とスイスの連邦裁判所が「拘束ドクトリン」を適用していることを見出しました．スイスの連邦裁判所は，立法者も平等主義に拘束されていると言明しました．このことからトリーペルは，議会は平等原則に拘束されているという主義をドイツの裁判官すなわちライヒ裁判所も打ち立てることを推奨しました．しかしライヒ裁判所は，この学説を明示的に導入することを拒絶しました．つまりライヒ裁判所は，政治的には，議会の側，すなわち民主主義の側に立ったのです．

(通訳：福田)

司会(小島) 予定の時間を少し過ぎておりますので，これで終わらせていただきたいと思います．

どうもありがとうございました．(拍手)

質疑参加者

基調報告	クヌート・ヴォルフガング・ネル（テュービンゲン大学）
通　訳	福田清明（明治学院大学）
	村上淳一（桐蔭学園横浜大学）
質問者	村上淳一（桐蔭学園横浜大学）
	ベルンハルト・グロスフェルト（ミュンスター大学）
	畑尻　剛（城西大学）
	石川　明（朝日大学大学院）
	古野豊秋（桐蔭学園横浜大学）
総合司会	川添利幸（中央大学）
司　会	小島武司（中央大学）

第2章
ヨーロッパ会社法

ベルンハルト・グロスフェルト

Bernhard GROßFELD

レジュメ

I 序

　国家の法律がその単独の地位を失うにつれ，ヨーロッパ法はますます法比較の対象とされて来る．ヨーロッパ会社法はそのための好例である．

II はじめに

　ヨーロッパ会社法という表現は1957年のヨーロッパ経済共同体条約のなかには見出せない．ヨーロッパ経済共同体条約52条による移転の自由に際してはじめて会社が姿を現わす．さらに関連する法規として，

（ヨーロッパ経済共同体条約58条）

　「加盟国の法規定によって設立された会社で，定款に定められた本店，主要な管理機構または主要な営業所が共同体内にあるものは，自然人と同様，加盟国の構成員である．

　右の会社として認められるものは，民法上の組合および商法上の会社であり，協同組合およびその他の公法上および私法上の法人も含まれる．ただし，営利目的を追求していないものは除かれる．」

（ヨーロッパ経済共同体条約54条3項 g）

　「加盟国において58条2項の意味における会社について，社員および第三者の利益のために定められている保護規定は，それらを同等に形作るために必要な限りで調整されなければならない」

（ヨーロッパ経済共同体条約220条）

　「加盟国は，それぞれの国の構成員のために以下のことを確保するために必要な限りで，相互に審議を開始しなければならない．すなわち，

58条2項の意味における会社の相互承認，ある国から他の国への本店の移転の場合の法人格の維持，それぞれ異なった加盟国の法規に服する会社の合併の可能性，である」

ヨーロッパ経済共同体条約によって単一の市場が生みだされるが，同条約はそのなかで活動する企業の法形式についてはわれわれに何も語っていない．同条約は，会社法に関する構成員の権限，さらには国家法の法形式を前提としている．つまり，同条約はヨーロッパ会社法のための枠組みを周囲にもたらしているにしか過ぎない．しかし同条約に依拠するヨーロッパ法（指令および命令——第二次共同体法，同条約189条）は更なる可能性を示している（ヨーロッパ経済共同体条約100条 a，同54条3項 g，225条）．

Ⅲ　同　　　化（Angleichung）

まず，ヨーロッパ経済共同体条約が，ヨーロッパ的に色付けされているが依然として国家的な会社法のために当てられているところから出発する．加盟国の会社法の調整が問題となる．そのことは会社にとっての移転の自由からあきらかにされる（同条約52，58条）．

Ⅳ　ヨーロッパ会計法

法の同化の主要な成果は，われわれに真のヨーロッパ会計法をもたらした，ヨーロッパ経済共同体条約54条3項 g 項についての第4指令および第7指令のなかにあきらかに存している．

ヨーロッパ法は会計法を，それがヨーロッパ法からドイツ法に置き換えられた時を同じくして，会計法を形作っていなかった会計士の手からとりあげてきた．法律になったドイツ会計法の草案は，当初の政府草案の明らかな間違いへの後ろめたさから生じたものである．政府草案はあまりにも技術的であった．同草案は株式会社を模範としたうえで，個人商人および人的会社に対しては特別規定を持ち出していたが，多くの商人にとって会計法の理解は困難となっていた．現在の草案は，ドイツ連邦議会の法務委員会の議長ヘルムリッヒ氏が提案したものである．

ヨーロッパ会計指令はなるほどなんらの統一をもたらさなかったが，しかし決定的なものをもたらした．それはヨーロッパの議論の中心点に達し，会社法学を国内法からヨーロッパ法に拡大し，国内領域をはるかに越えたその専門的高度を与えた．このことはわれわれがヨーロッパにおいて中世の統一を失い，ラテン語が通用語でなくなって以来おそらく始めておこったことである．

Ⅴ　欠　　　損

会社法においてすべての夢が花開いた訳ではない．第5指令（会社機関の構

成）のための勧告は，何らの大いなる希望もなく波にもまれており，第9指令（コンツェルン指令）のための勧告は何らの見込みなく撤回されてしまった．とりわけ，ドイツ共同決定法（すなわち，企業指揮に際しての労働者の協同）は同化されていない．

ただ，投資家保護法，とりわけインサイダーおよび引受指令において成果が示されている．またヨーロッパ的に刻印付けられた会社法がある（後述）．

Ⅵ 指　　令

会社法はとりわけ指令を経由してヨーロッパ化されている．正しく国家法に置き換えられた指令の効力は加盟国の法律を越えて市民に及んでいる．ヨーロッパ共同体裁判所によれば，

「以上の前提があるか否かを確定するために必要とされる当該国家法規定ならびに会社契約ないし定款規定の判断は国家の裁判所のなすべき事柄である．その際，共同体裁判所によって考慮されなければならないのは個別的に持ち出される解釈の観点である」とされる．

つまり，国家会社法をヨーロッパ法に沿うように解釈しなければならないという義務についての言及がなされている．

それとならんで指令の直接的な効果が留められている．国家法が指令にしたがって解釈されない場合，指令は直接的に運用されるものとされるか．このような問題はたとえば，年次決算のために実質関係に相応した姿を要求している，商法典264条2項に際して，提起することができる．共同体裁判所はこのことを解明する機会をもつべきことが望まれる．

Ⅶ 比較法的解釈

会社法はヨーロッパにおいて，われわれが比較法的に研究しなければならないと言うことを通じても同化される（EGBGB 36条）．

比較法的解釈はもはや特別な場合ではなく，ヨーロッパ誠実法の律法なのである．ヨーロッパ経済共同体条約54条3項gによる指令の調和目的は，加盟国およびそのすべての機関にとって拘束的なものである．その限りでヨーロッパ内での法比較は裁判官の義務となる．

Ⅷ　承認／会社定款

ヨーロッパ法は実体私法的側面だけでなく，国際私法的側面も有している．それは，会社の承認および会社定款の場合である．ヨーロッパ経済共同体条約52条の移転の自由は，加盟国が他の加盟国によって与えられた法人格および会社定款を本店の移転に際して継続させることを命じているか．本拠地法説と設立準拠法説との対立をめぐる承認問題は，これによって，ヨーロッパ共同体

に達している．これまで本拠地法説のために争ってきたものはヨーロッパについても，これを行っている．これに対して設立準拠法説の信奉者はヨーロッパについて自説の勝利を宣言しようとしている．

IX　ディリーメイル

　投資持株会社であるディリーメイルアンドジェネラルトラスト PLC は，税務上の理由からその管理本部をイギリスからオランダに移転しようとした．同社はそのために財務局の許可を必要としていた．財務局は許可を与えようとしなかった．イギリスの高等法院は以下の問題をヨーロッパ最高裁判所に持ち出した．

　「（1）ヨーロッパ経済共同体条約52条および58条の規定は，加盟国は，国内に営業指揮を有している権利能力のある会社に対し，従前の国家の承認あるいは認可なくしてその営業指揮を他の加盟国に移転することを禁じていることを排除しているか」

　最高裁判所は以下のことを確認した．すなわち，ヨーロッパ経済共同体条約52条および58条は本国に対してもまた会社の移転の自由を制限することを禁じている．しかし，会社の存在は，その設立および職務にとって決定的なものとされる国家の法秩序に依拠する．それゆえ会社は，ヨーロッパ経済共同体条約52条および58条から，その営業指揮を他の加盟国に移転し，同時にそれがその法規定によって設立された加盟国の会社としての地位を維持する権利を引き出すことはできない．

X　ヨーロッパ人権協定

　本拠地法説は，それでもやはりヨーロッパ人権協定にはかられなければならない．フランスの破棄院は最近外国法人を一般的に承認しないことは人権に反するということを明らかにした．しかし，そのような承認の一般的拒否が問題となっているのではない．本拠地法説は，会社法における最低基準を保証しているのであり，法形式の信用性に基づくその信頼において法取引を保護している．

XI　本店移転

　問題は依然として，ヨーロッパ共同体内での本店移転（事実上の管理本部の移転）にある．これまでは本店移転は実際上不可能であった．ある会社が外国から転入する場合，その会社は転入国の法にしたがってあらたに設立されなければならない．このことで利害関係を有する関係者について見てみると，まず，債権者にとっては，彼が国内につなぎ止めていたと思っていた債務者が移住してしまうことになる．信用性は，しばしば地域的な定着に基づいており，

この定着がはじめて法形式を信頼するに値するものとする．その基礎は外国への本店移転，ヨーロッパ内ですら，によって転換してしまう．状況は，社員にとっても同様である．社員の会社が他の文化的言語的環境の中に移ると，あらたな会社定款の下における彼らの権利は裁判籍について不確かなものとなる．

　社員と債権者を見るだけでは十分ではない．労働者もまた問題となる．それは雇用あるいは労働契約に基づく債権者としての労働者の請求権を越えて問題となる．なるほど労働者は，労働者の権利を有しているが，それに国際労働法が加わることで（EGBDB 30条参照），不明確さが生じてくる．

XII　経営共同決定
　ドイツの経営共同決定に際してはいずれにせよ非常に批判がなされている．この共同決定はドイツ法の会社形態に，そして2つの経営機関，取締役と監査役（会）に結びつけられている．外国の会社に共同決定をかぶせることは全く不可能である．

　経営共同決定を伴う会社の場合に転出を行えるかどうかを吟味しなければならない．私はそれはできないと思う．経営共同決定の採用に際しては，本拠地法説が前提とされ，共同決定を回避することはできないことが前提とされているからである．

　また，国内に留まっている支店が子会社への転換を強制されるかをも吟味しなければならない．ヨーロッパ法はもちろんそのことに対立している．なぜなら一加盟国の一企業だけが強制されるかも知れないからである．共同体裁判所は，国籍に基づく不平等取扱は，ヨーロッパ経済共同体条約7・52条に反するとしつつ，地域的な拘束は，もしそれが相当であれば，区別を正当化することができるとしている．

XIII　判　　例
　バイエルンの上級地方裁判所の決定は，ドイツの有限会社がその事実上の管理本拠および定款上の本店をドイツから他の加盟国に移動することはできないとした．ヨーロッパ経済共同体条約52および58条は，このようなドイツ法の定めに対立するものではない．国家法が，移転の自由を制限しているからである．

　「国家の会社法および租税法上の形成の可能性はその場合に会社の移転の自由に対して優先する」

XIV　資本合資会社（Kapitalgesellschaft & Co. KG）
　同様の問題は，有限合資会社（GmbH & Co. KG）と呼ばれる資本合資会社（Kapitalgesellschaft & Co. KG）の場合にある．ドイツの資本会社が無限責任

社員となっている場合，ドイツの共同決定が適用されるが，無限責任社員として外国会社を受け入れると共同決定が回避されるのか．バイエルン上級地方裁判所およびツバイブリュッケン上級地方裁判所はこのことを肯定し，文献における若干の意見もこれを支持している．

しかし，外国の無限責任社員によって合資会社は見通すことができない法的影響のもとにさらされる．また，外国の形成物の場合，類型混合は確保されていない．結局，ドイツの利益とそのような混成物の創設者の利益と比較衡量した場合，不均衡があきらかになる．そのゆえ，国境を越えた類型混合に対し「否」と言うべきである．

XV ヨーロッパ的企業形態――法的基礎

ヨーロッパ的法形成について条約235条がその法的基礎となる．

「共同体市場の枠内でその目標の一つを実現するために共同体の活動の展開が必要とされ，そして共同体条約中にそのために必要とされる権限が定められていない場合には，評議会は全員一致により委員会の勧告に基づきそして総会の聴聞の後に適切な規定を発布する」

これはヨーロッパ株式会社の規則案の拠り所となっている．

さらにヨーロッパ経済共同体条約100条 a では，同条に依拠する命令および指令をヨーロッパ経済共同体条約148条による特別多数決によって決議することができる．

XVI 必　要　性

ヨーロッパ企業という形態の必要性は，三つの理由から肯定される．①国境を越えた会社形態は可能だが，僅かな例以外，試みは失敗している，②当事者が外国法の適用を嫌う，③ヨーロッパ会社という形態は，国境を越えた議論を軽減し，思想を国家の言語規範やその他のハンディから解放する．

XVII ヨーロッパ経済利益協定

ヨーロッパ経済利益協定（EWIV）が端緒となる．それは，フランスの経済利益団体に従うもので，固有の法人格を有する合名会社である．しかし，同協定は構成員の経済活動を緩和あるいは発展させ，同様にその活動の成果をより良きものにしあるいは高めるという任務の範囲内での存在が認められるにしかすぎない．ヨーロッパ共同体でこれまで約400の協定がある．

XVIII ヨーロッパ株式会社

ヨーロッパ株式会社（Societas Europa-SE）の規則案は，会社の設立とその組織を規制している．そこにない規制は，会社がその本店を有する加盟国の法

によって埋められなければならない．本店は定款が定めた場所で，ヨーロッパ共同体の中になければならず，しかも中心的管理機構のある場所と一致していなければならない（5条）．本拠地法説はこのように貫徹されている．本店のある国家で株式会社に適用される法律が補充的に適用される（7条1項b）．

会社は取締役監査役会システムか単一の業務執行会議かを選択することができる（61条）．規制されているのは，株主総会での代理人による議決権行使である．共同決定に関する勧告は，労働者の地位に関する定款の補充に関する指令の中に見いだされ，それによれば，発起人が指令の共同決定モデルの一つを選択した後で（命令8条3項，指令3条2項）はじめて登記簿に登記され，それによって法人として成立する（16条）．

XIX 地域および国際会社法

規則案が本拠地法説から出発していること（5条，7条1項b，11条a1項）は，ヨーロッパ共同体内部での本店移転の場合そしてとりわけヨーロッパ共同体外への本店移転の場合にも妥当するが，債権者保護および社員保護に配慮して，

「移転が7条1項bにより適用される法の交替という結果を生じた場合，移転計画は9条によって公にされる．移転に関する決議は，移転計画の公表後2ケ月たってはじめてなすことができる．SEの本店移転は，およびそれによって生ずる定款変更は，SEが8条によって新たな本店の登記簿に登記される時点に効力を生ずる．この登記は移転計画の公表に関する証明に基づいてはじめてなすことができる」とされる．

ヨーロッパ共同体外への転出について，「SEの本店が共同体から移転されることが確定した場合，各関係者あるいは管轄当局の申請に基づきSEの本店の裁判所はその解散の措置をなさなければならない．もちろん裁判所はこの解散原因を除去するため猶予を認めることができる」とされる（117条a）．

本拠地法説に対するあきらかな賛成票である．

XX ヨーロッパ協同組合

ヨーロッパ株式会社のための計画とならんでいまやヨーロッパ社団，ヨーロッパ相互保険社団およびヨーロッパ協同組合の定款に関する命令のためのヨーロッパ委員会の勧告がなされている．とりわけ，ヨーロッパ協同組合について，その勧告はヨーロッパ株式会社のそれに依っており，定款は一つの外郭法律として特に重要な規定だけを含むものである．本拠地国の国家法は補充的に適用される．

勧告された定款は10万エキュの最低資本金を予定している．ヨーロッパ協同組合に資本を供給するだけの構成員（投資組合員）も認められる．また議決権

のない投資持分も発行できる．

XXI 結　語

　文化の多様性とヨーロッパの単一性との間の緊張は，国家－ヨーロッパ会社法であるヨーロッパ会社法の中に示されている．

　本拠地法説をはねつけるということによって加盟国からその権限を奪う更なる方法は存在しない．考慮されなければならないのはヨーロッパ市民の現実利益である．また，利益の圧力のもとで立法の政策に反して一旦発展してきたものの後追いをなすべきでもない．公共の福祉のために随行して行かなければならない．

(文責：丸山　秀平)

基調報告

I　序

　われわれヨーロッパの将来をのちのちまで形作ることになる展開をここ日本で紹介できることは私にとって慶ばしくまた光栄なことである．わたくしは，この展開が日本において比較法に携わる同僚の興味を引き起こすことを確信している．というのは，ヨーロッパにおいて国家の法律がその単独の地位を失えばそれだけますますヨーロッパ法が法比較の対象とされて来るからである．ヨーロッパ会社法はそのための一つの好例である．

II　はじめに

　「ヨーロッパ会社法」という表現は目下のところヨーロッパにおいて「流行」しており（そして常に自己の思想の独立性および自主性を主張している現代人として）われわれは流行に立ち後れたくはない．われわれは走行する列車に飛び乗ることを逃してはならない．しかし，そのような列車があるのか，それは動き出しているのか？　どこでその列車は組み立てられ，どこでレールに乗り，どこで蒸気や（電気を）供給されるのか？

われわれは1957年のヨーロッパ経済共同体条約のなかにヨーロッパ会社法という表現をさがすがそこでは見つけられない．ヨーロッパ経済共同体条約52条による居住移転の自由の場合にはじめて会社が姿を現わしてくる．

ヨーロッパ経済共同体条約58条は次のように規定している．すなわち，

「加盟国の法規定によって設立された会社で，定款に定められた本店，主要な管理機構または主要な営業所が共同体内にあるものは，自然人と同様，加盟国の構成員である．

右の会社として認められるものは，民法上の組合および商法上の会社であり，協同組合およびその他の公法上および私法上の法人も含まれる．ただし，営利目的を追求していないものは除かれる．」

さらにわれわれのまなざしはヨーロッパ経済共同体条約54条3項（g）にもむけられる．それによれば，

「加盟国において58条2項の意味における会社について，社員および第三者の利益のために定められている保護規定は，それらを同等に形作るために必要な限りで調整されなければならない」

そして最後にわれわれはヨーロッパ経済共同体条約220条において次のことを読みとる．

「加盟国は，それぞれの国の構成員のために以下のことを確保するために必要な限りで，相互に交渉を開始しなければならない．すなわち，

58条2項の意味における会社の相互的確認，ある国から他の国への本店の移転の場合の法人格の維持，それぞれ異なった加盟国の法規に服する会社の合併の可能性，である．」

法規が個別的のまま存するにしか過ぎないことは，次のことを示すものである．すなわち，なるほどヨーロッパ経済共同体条約は単一の市場を生ぜさせるであろう．しかし，同条約はそのなかで活動する企業の法形式についてはわれわれに何も語ってくれない．同条約は，会社法に関する構成員の権限，さらには国家法の法形式を前提としている[1]．つまり同条約はヨーロッパ会社法のための枠組みを周囲にもたらしているにしか過ぎない．しかし同条約に依拠するヨーロッパ法（指令および命令——第二次共同体法，同条約189条）は更なる

可能性を示している．われわれは，ヨーロッパ経済共同体条約100条 a に関し特別な重要性を有している同条約54条3項（g）に既に出会っている．われわれがまだ取り組まなければならない225条もまた指示されなければならない．

Ⅲ 同 化（Angleichung）

まずもって，われわれは，ヨーロッパ経済共同体条約が，ヨーロッパ的に色付けられているが依然として国家的な会社法のために当てられているところから出発する．それは加盟国の会社法の調整の場合である．そのことは会社にとっての居住移転の自由（Niederlassungsfreiheit）からあきらかにされる（同条約52，58条）．ヨーロッパ市民は，同時に存する他の加盟国の会社の営業について，自分がどのような法的構造に関係付けられているかを知るべきである．同じことは市民がそのような会社で持分を取得した場合にあてはまる．不透明な会社法上の形成物は競争上の利点を何ら提供してくれない．外国の会社は，自らの定款がより以上の機密保持やより以上の化粧を許しているという理由だけで，その国内の競争者よりもより美しくかつ堅実であるように描かれるべきではない．法の同化に際し，ヨーロッパはまた続いてすばらしい成果をおさめている．それはとりわけ同条約54条3項（g）に基づく指令によるものである[2]．

Ⅳ ヨーロッパ会計法

その主要な成果は，われわれに真のヨーロッパ会計法をもたらした，ヨーロッパ経済共同体条約54条3項（g）についての第4指令および第7指令のなかに存しているのはあきらかである．たしかに——以上の会計法は統一のとれたものではなく，加盟国の数多くの選択権が一個の統一した形成物となることを妨げている．イギリスの指導的な観念である「真実かつ公正の見地（true and fair view）」でさえその国語での翻訳がかなえることのできない多くの不分明さを生み出している．たとえばドイツでは，われわれはこういう．年

次決算は「事実関係に相応した姿を伝えるもの」でなければならない，と（商法典264条2項1文）．しかし，それが正確に何であるかを知っている者は誰もいない[3]．国家の税法の効力でさえ混乱している．ドイツについてわたくしは所得税法5条1項の相当性の原則と逆相当性の原則（商法典254，280条）のことを思い起こす．

それでもやはり，成果は見通しがつかない．それは，現在，会計法を「法領域」としてあたりまえのものとして自己に要求できるし要求すべきである法律家自身にとってもそうなのである[4]．このことは同様に国家的考慮を越えて外部に至っている．なぜならば会計法は，世界的コンツェルンの締結を形成し，それがわれわれに国際的視野を強制させることになるからである（商法典290，294条）．それは，かさぶたを被っている法曹教育にとって一つの自由への突破口となるものである．

ヨーロッパ法は会計法を，それがヨーロッパ法からドイツ法に置き換えられた時を同じくして，会計法を形作っていなかった会計士の手からくすねてきた．法律になったドイツ会計法の草案は，当初の政府草案の明らかな間違いへの後ろめたさから生じたものである．すなわち，なるほど政府草案は多大の功績を有していた．しかしそれはあまりにも技術的であった．同草案は株式会社を模範としたうえで，個人商人および人的会社に対しては特別規定を持ち出していた．そのことが多くの商人にとって会計法の理解を困難にさせた．現在の草案は，ドイツ連邦議会の法務委員会の議長ヘルムリッヒ氏が提案したものである[5]．ヘルムリッヒ氏は，ミュンスターのわたくしの尊敬する同僚であるレフソン教授によって支持された．レフソン氏の邸宅で，両氏は，グロス博士とシュルフ教授とわたくしとともに，後の法律の基礎を発展させた．すばらしく圧巻だったのはレフソン氏の仕事であった[6]．そこで総則（商法典238〜263条）と特則（商法典264〜330条）を作り，2つの一般条項（商法典243条1項「秩序にかなった記帳の原則」，商法典264条2項1文「事実関係に相応した姿」）によって調整するという考えが生じた．ここで「経済財（Wirtschaftsgut）」という概念（税務上あまりにも過度に刻印付けられていたように思われる）から

「財産客体 (Vermögensgegenstand)」という概念へと転換がなされた．税法とはそぐわない会計法からのあきらかな転換であった．

後に多くの利害が草案に影響を与えたことはもちろんである．すなわち，ドイツ法はこのような利益と何ら対立していないように思われた．この特別の利益は，個別規定に表われることに幾度も成功している．とりわけ，商法典253条4項（広範囲な準備金)[7]，249条2項（費用のための引当金）そして322条1項（確認記録の文章内容）がそれである．

ヨーロッパ会計指令はなるほどなんらの統一をもたらさなかったが，しかし決定的なものをもたらした．それはヨーロッパの議論の中心点に達し，会社法学を国内法からヨーロッパ法に拡大し，国内領域をはるかに越えたその専門的高度を与えた．このことはわれわれがヨーロッパにおいて中世の統一を失い，ラテン語が通用語でなくなって以来おそらく始めておこったことであろう．

V 欠　　損

会社法においてすべての夢が花開いた訳ではない．第5指令（会社機関の構成）のための勧告は，何らの大いなる希望もなく波にもまれており，第9指令（コンツェルン指令）のための勧告は何らの見込みなく撤回されてしまった．とりわけ，ドイツ共同決定法（すなわち，企業指揮に際しての労働者の協同）はこれまで同化されていない．加盟国の階級構造や，教育モデルや，生活像はなお大きく異なっている．コンツェルン法の場合，ドイツの範がその税法の機関契約からの産物であることは否定できない（KstG 14条）．他の加盟国にとってみればこのことは非常に複雑であるとされる．コンツェルン法も親企業の責任を厳格にしている．このことは加盟国の他の執行法から見れば非常に異なった結論を有することになる．われわれは責任法を執行法から解放することはできない[8]．

しかし，投資家保護法，とりわけインサイダー指令[9]および引受指令[10]において結果が示されている．ここにわれわれはすぐにヨーロッパ的に刻印付けられた会社法を有することになるであろう．

VI 指　　令

　会社法はとりわけ指令を経由してヨーロッパ化されている．それゆえわれわれは手短に指令を取り扱わなければならない．正しく国家法に置き換えられた指令の効力は加盟国の法律を越えて市民に及んでいる[11]．ヨーロッパ最高裁判所は次のように言っている．すなわち，

　以上の前提があるか否かを確定するために必要とされる当該国家法規定ならびに会社契約ないし定款規定の判断は国家の裁判所のなすべき事柄である．その際，最高裁判所によって考慮されなければならないのは個別的に持ち出される解釈の観点である[12]．

　これによって述べられているのは国家社会法全体をヨーロッパ法に沿うように解釈しなければならないという義務のことである．このことを Marleasing 事件で最高裁が確認している[13]．最高裁は同事件で会社の仮装設立に関するスペイン法をヨーロッパ法とならんで適用されるべきではないとしている．

　それとならんで指令の直接的な効果が留められている．国家法が指令にしたがって解釈されない場合には（たとえば国家の立法者が違法に指令とは異なるようにしたからと言って），指令は場合によっては直接的に適用されうる[14]．このような問題はたとえば，年次決算のために事実関係に相応した姿を要求している，商法典264条2項に際して，提起することができる．ドイツの会計士は同条を狭く解し，貸借対照表および損益計算書に関し実際に同条の意義を取り去ろうとしている．つまり付属明細書に関係付けられるにしか過ぎないことになる．しかしこのことはヨーロッパ法にかなった解釈ではない．ヨーロッパ最高裁判所はただちにこのことを解明する機会をもつべきことが望まれる．

VII 比較法的解釈

　会社法はヨーロッパにおいて，われわれが比較法的に研究しなければならないと言うことを通じても同化される[15]．EGBGB 36条は，たとえば契約上の債

務関係に適用される国際私法規定の解釈および適用について，このことを述べている．その場合，契約上の債務関係に適用される法に関する基礎とされている国際協定は統一して解釈適用されなければならないということに注意しなければならない．

比較法的解釈はもはや特別な場合ではなく，ヨーロッパ誠実法の律法 (Gebot) である．ヨーロッパ経済共同体条約54条3項 (g) による指令の調和目的は，加盟国およびそのすべての機関にとって拘束的なものである．他の加盟国における経緯にも注意を払わなければならない．すなわち，ためらいはヨーロッパの趨勢に相応する解決法を選択することにある．方法論的な範例は，ヨーロッパ最高裁判所が加盟国の法文化からどのように一般的法原理および人権を得てきたかと言うことに示されている．その限りでヨーロッパ内での法比較は裁判官の義務となる．

Ⅷ 承認／会社定款

ヨーロッパ法は実体私法的側面だけでなく，国際私法的側面も有している[16]．われわれがこの国際私法的側面に出会うのは会社の承認および会社定款の場合である．ヨーロッパ経済共同体条約52条の居住移転の自由は，加盟国が他の加盟国によって与えられた法人格および会社定款を本店の移転に際して継続させうることを命じているか？　本拠地法説と設立準拠法説との対立をめぐる承認問題は，これによって，ヨーロッパ共同体に達している[17]．その先端は変わっていない．これまでずっと本拠地法説のために争ってきた者はヨーロッパについても（いずれにせよ一時的には）これを行っている．これに対して設立準拠法説の信奉者はヨーロッパについて自説の勝利を宣言しようとしている[18]．

展開は本拠地法説のさし当っての存続に有利になっている．ヨーロッパ経済共同体条約220条は，同条約が承認を規制しておらず，それどころか加盟国間の特別な取り決めを要求していることを明らかにしている．ヨーロッパ経済共同体条約は，同条約52，58条による移転の自由および条約54条3項 (g) による

法同化がともに含まれることを示している．法同化によって初めて移転の自由が認められる．法同化を強調することは，「緩和のための競争（race for laxity）」，ヨーロッパにおけるデラウェアーシンドロームを妨げてしまう[19]．条約は，ただちに本拠地法説が持ち出された場合には，それがどのように成立しようと，規制のもっとも少ない会社法に向けた競争にはならない[20]．

それがあきらかにヨーロッパ最高裁判所のCassis判決[21]による市場の開放に向けていようとも，このことはたぶん今日一般的な立場に相応している．緩和された市場接近に対する答えは，ヨーロッパ経済共同体条約100条による法同化である．それは加盟国において最小基準を貫徹しそれによって「根底までの競争」を妨げるべきものとなる．そのような最小基準はそれまで会社法にはなかった．ヨーロッパ最高裁判所のビンスベルゲン判決およびクノール判決以来加盟国は保護規定からの回避を妨げられるべきことが確実にされている[22]．このことは会社法にも妥当する．

IX ディリーメイル

状況はディリーメイル事件におけるヨーロッパ最高裁判所の判決[23]を通じて明らかにされている．

投資持株会社であるディリーメイルアンドジェネラルトラストPLCは，税務上の理由からその管理本部をイギリスからオランダに移転しようと思った．同社はそのために財務局の許可を必要としていた．財務局は許可を与えようとしなかった．イギリスの高等法院は以下の問題をヨーロッパ最高裁判所に持ち出した．

「(1) ヨーロッパ経済共同体条約52条および58条の規定は，加盟国は，国内に営業指揮を有している権利能力のある会社に対し，従前の国家の承認あるいは認可なくしてその営業指揮を他の加盟国に移転することを禁じていることを排除しているか……」

最高裁判所は以下のことを確認した．すなわち，ヨーロッパ経済共同体条約52条および58条は本国に対してもまた会社の居住移転の自由を制限することを

禁じている．そうでなければ居住移転の自由は空回りしてしまう．それでもやはり会社が存在しているのは，その設立および職務にとって決定的なものとされる国家の法秩序のおかげである．それゆえ会社は，ヨーロッパ経済共同体条約52条および58条から，その営業指揮を他の加盟国に移転し，同時にそれがその法規定によって設立された加盟国の会社としての地位を維持する権利を引き出すことはできない．ヨーロッパ経済共同体条約220条は，本店移転に際しての会社の相互承認に関する交渉を定めている．その交渉は未だ何の決着も見ていない．

X　ヨーロッパ人権協定

本拠地法説は，それでもやはりヨーロッパ人権協定にはかられなければならない．フランスの破棄院は最近外国法人を一般的に承認しないことは人権に反するということを明らかにした[24]．しかし，そのような承認の一般的拒否が問題となっているのではない．本拠地法説は，会社法における最低基準を保証しており，法形式の信用性に基づくその信頼において法取引を保護している．このことが人権に沿うことは確かなことである，そして附属プロトコール１の第５条の準用命令によって保障されている．

XI　本店移転

問題は依然として，ヨーロッパ共同体内での本店移転（事実上の管理本部の移転）のところで（そして同様に国境を越えた合併のところでも）燃え上がっている．これまでは本店移転は実際上不可能であった．ある会社が外国から転入する場合，その会社は転入国の法にしたがってあらたに設立されなければならなかった．転出に際しては転出国がその会社を解散させることになっていた．転入は今日では組織変更的転換の類推を通じてほぼ満足させられる程度に解決されるであろう[25]．転出に際しては，われわれはまだなんの答えをもっていない．その答えは，解散を放棄するかあるいは本拠地法説を「名状し難

い」ものとしておとしめることによって，与えられるものではない．ともかく理論の勝ち負けが問題となるのではなく，本店移転に遭遇した者が問題とされるのである．

それゆえその者について，われわれは債権者から始めることにする．すなわち，債権者が国内につなぎ止めていたと思っていた債務者が移住してしまう．一定の経済的文化的環境に債務者が拘束されていることは，しばしば信用の前提とされていた．同じことは一定の行動パターンや，社会的コントロール，執行，通貨に対する信頼についても言える．オイゲン・エールリッヒは，彼の「法社会学の基礎理論」でこういっている[26]．

「信用性はたとえば強制執行の見込みを表わすことではなく，信用供与の際に債権者が頼りにする社会的なつながりを経済的に表わすことにあるのである」

信用性は，しばしば地域的な定着に基づいており，その定着がはじめて法形式を信頼に値するものとするのである．その基礎は外国への本店移転，ヨーロッパ内ですら，によって転換してしまう．裁判管轄および執行に関するヨーロッパ協定は，この点についてあまり変わっていない．なぜなら，国内の裁判籍は転出によってもはや保全されず（協定によれば財産に関する裁判籍は存しない），裁判籍は定款によっても保全されない（定款はいつでも変更され得る）からである．管轄に関する秘密の取り決めはヨーロッパ訴訟（手続）法の知るところではない．外国における訴訟は二重の意味で困難なものである．すなわち，あたらしい債務者保護法および破産法が債権者を害することになる場合がある．外国はまさに国内ではない！

持分権者にとっても同じことになる．持分権者の会社が他の文化的言語的環境の中に移り，あらたな会社定款の下における彼らの権利は裁判籍について不確かなものとなっている．従来の会社定款が継続される場合でも，緊急時におけるこれまでと異なる裁判官の前での新たな状況は同一ではない．法律の文言は文化に対する一般的な価値評価からみれば決して強くはなく，コルクのようにそのうえに浮かんでいるものである（設立準拠法説はこのことを見誤っている）．設立準拠法説は，他の環境における言語の継続を過度に信頼している．

危険な幻想は第三者の負担となるばかりである．文化的作用は，法律の文言が想像するよりも非常に強い．異なった文化は，法が言葉としてどのように理解されていたとしても，法を変えるものなのである．従来の会社定款はすべてがそこで機能する異なった制度的連合的関係の中にやってきている．文化の全体は，輸入された部分より強いが，それでも機能はなんら見通すことはできない．

　債権者および社員が会社の転出に同意した場合には，われわれはこの疑念を除くことができる．その場合は，会社を解散させるきっかけは多分なんら存していない．たしかに，解散はCassis判決の根本思想に反することになろう．それによって，ヨーロッパ的に与えられた共通の利益の強制的な必要性についての国家的な妨げの度合がはかられねばならず，相当性が維持されなければならない．もちろん，実際にすべての債権者および社員が同意したか否かの問題は残されている．債権者の場合にどのようにして同意したかを確認したらよいか？　ここでヨーロッパ株式会社のために提出された定款の5条a第2号にあるような手続だけが残されている．わたしはこの点に戻ることにする．

　しかし，社員と債権者を見るだけでは十分ではない．労働者もまた問題となる，そしてそれは雇用あるいは労働契約に基づく債権者としての労働者の請求権を越えて問題となる．なるほど労働者は，労働者の権利を有しているが，それに国際労働法が加わることで（EGBGB 30条参照），不明確さが生じてくる．経営者は異なった影響の下に陥る，彼が属するかつてあった文化社会共同体はもはや存していない．諸権利を貫徹することはより困難になる．確かなことは，すべての労働者が同意したときにはなんらの問題が存しないということである．しかしそうでなければどうなるのか？　われわれは少数派（どの程度の？）に移行できるのか？　われわれは，ヨーロッパが労働者に対しても便宜をもたらすことに対して報酬を支払わなければならないのか？　これは教授たる者として，とかく避けてしまいがちになる困難な問題である．

XII　経営共同決定

　ドイツの経済共同決定に際してはいずれにせよ非常に批判がなされている[27]．この共同決定は，多くの会社の監査役会に労働者代表をもたらしている．それはドイツ法の会社形態に，そして株式会社および有限会社の場合には2つの経営機関，取締役と監査役（会）があるということに結びつけられている．外国の会社に共同決定をかぶせることは全く不可能なことである．
　われわれは経営共同決定を伴う会社の場合に転出を行えるかどうかを吟味しなければならない．私はそれはできないと思う．その理由は，経営共同決定の採用に際しては，本拠地法説が前提とされ，共同決定を回避することはできないことが前提とされている点にある．われわれ民主主義国の法律家は，われわれの立法者の以上の信頼を尊重しなければならない．われわれは理論の変遷によって立法者からかれらがそこに法規制を打ち立てている基盤を奪ってはならない．本拠地法説は以上の枠の中で考慮され完結されている．立法者が経営共同決定を望む限り，われわれは（われわれが個人的にそれをどう思うかは別として）それを理論によって国際会社法に「紛れ込ま」させてはならない．それが変えられるべきものとされる場合には，そのことは立法者がなすべきであろう．選ばれざる「法理論家」としてわれわれはそのような社会的転換のための資格はない．われわれはわれわれの国の企業組織を「文献上の見解」によって変えることはできない．
　ヨーロッパ法はこの原理を見放すことをわれわれに求めてはいない．ヨーロッパ共同体は社会共同体でもあり，それゆえ，ヨーロッパの公益に合致しているのである．
　われわれが転出の問題にかたくなにこだわらない場合，われわれは（バイツケがそれをはじめに提案していたような）国内に留まっている支店が子会社への転換を強制されるかを以前にもまして強く吟味しなければならない．ヨーロッパ法はもちろんそのことに対立している．なぜなら一加盟国の一企業だけが強制されるかも知れないからである．ヨーロッパ最高裁判所は以下の点に外国

人差別を認めていた[28]. すなわち，一定の権利（漁業権）をえるために，その者だけが会社を設立しなければならないとすることである．国籍に基づくそのような不平等取扱は，ヨーロッパ経済共同体条約7・52条に反する．しかしヨーロッパ最高裁判所は国家の漁業権を国内の実際の経済圏（real economic link）とは別個にすることを認めた．地域的な拘束は，もしそれが相当であれば，区別を正当化することができるものとされる[29]. 以下のように述べられている．

「以上の制約によって，その配分が漁業に依存する人口およびそれに結びつけられた営業部門に役立てられることになるべき場合には，この目的は，当該加盟国に対する船舶の経済的関係が与えられることを確実にする事実的制約を正当化することができる．以上の枠を越えてしまう経済的関係の必要性はこれに対して国家配分の制度を通じて正当化されるものではない．」

われわれがドイツの子会社の設立を強制した場合，われわれは総じて不平等に取り扱っているのであろうか？　そんなことはない！　ドイツと外国の企業はともに共同決定に捉えられている．同一の地域的定着に基づいてわれわれの許で一つの外国の企業がその限りでドイツ企業と同じく位置づけられているのである．ヨーロッパ法はたぶんこのことを妨げない．しかしその途はなお不確かで，労力がかかりそして効果も限られたままに留まっている．

XIII　判　例

ヨーロッパ中を自由に横切って会社が移動することで折にふれて起こる極度の幸福感（Euphorie）は，そうこうするうちに冷静に物事を考えることを後退させてしまう．このことはバイエルンの上級地方裁判所の決定に示されている[30]. それは，ドイツの有限会社はその事実上の管理本拠および定款上の本店をドイツから他の加盟国に移動することはできないというものである．そのような決定は会社を解散させる．ヨーロッパ経済共同体条約52〜58条は，このようなドイツ法の定めに対立するものではない．なぜなら，国家法は居住移転の自由を制限するからである．裁判所は本拠地法説から離れるきっかけをなんら認めてはいなかった．

「より優れた議論は依然として保護理論である以上の見解に賛成している．それは，通例，大部分にあてはまる国家の法が貫徹されることを保証している．それは現実に近いという点で優位であり，有効な国家のコントロールを可能にし，債権者の利益の最大限の保護を提供する．自己の固有の国民経済への不安の中で設立者と設立国の利益の相互協力を疑っている国家は，原則として，定款上の本店や登記とは無関係の結びつきを選択し，そこで会社が課税される土地の法をねらう」

このことはヨーロッパ法に反するものではない．ヨーロッパ裁判所は，デイリーメイル事件において本拠地法説はヨーロッパ経済共同体条約58条と一致できることを「明白」であるとしていた．ヨーロッパ経済共同体条約58条によれば居住移転の自由は国内法が反対していない限りで法人にも適用される．

「国家の会社法および租税法上の形成可能性はその場合に会社の移転の自由に対して優先する」

バイエルン上級地方裁判所はヨーロッパ裁判所の見解を正しいものであるとし，またヨーロッパ裁判所を手本として学びとったのである．

XIV　資本合資会社（Kapitalgesellscaft & Co. KG）

同様の問題が現われるのは，われわれがしばしば簡単に有限合資会社（GmbH & Co. KG）と呼んでいる資本合資会社（Kapitalgesellscaft & Co. KG）の場合である．ドイツの資本会社が無限責任社員となっている場合にはここでも一定規模以上のものにはドイツの共同決定が適用される．多くのものは，無限責任社員として外国会社を受け入れることで共同決定を回避しようとしている．バイエルン上級地方裁判所[31]およびツバイブリュッケン上級地方裁判所[32]はこのことを肯定し，文献における若干の意見もこれを支持している[33]．しかしわれわれはこれを受け入れることができるのか？　われわれは外国の資本会社をドイツの合資会社の無限責任社員として認めなければならないのか？

最初に問題となるのは，我々が外国の資本会社を法人として承認するか否か

ということである．このことはしばしば挫折するが，それは外国の会社がその管理本拠を国内の合資会社の管理本拠に有することによる．外国の資本会社が無限責任社員としてのみ活動する場合は国内の管理本拠が認められなければならない．さもなければ，個別事例における事情が問題となる．

経営共同決定はドイツの公秩序（ordre public）の一部となっている．それゆえ，場合によってはドイツ資本会社における強制的な変革によって，無限責任社員に共同決定を押しつけることも考えられないことはない．しかし，それは手間のかかることであり，われわれの法秩序は法的資源を節約しなければならない．それでもわれわれはヨーロッパがそれを許容しているからといって，その道を進まなければならないのか？　われわれがどうして外国の資本会社を無限責任社員として認めないのかをうまく理由付けられる場合そしてわれわれの禁令がヨーロッパの判断評価に相応することをわれわれが示す場合にはそういうことにはならないと思う．

まずわれわれは（ヨーロッパ的に受け入れられている）本拠地法説からして議論をすることができる．無限責任社員は合資会社のまさに担い手となっている．しかしその者は外国法のもとにある．その無限責任社員は合資会社から解かれて自己の権利を会社全体に及ぼすことが許されている訳ではない．事情によっては，資本合資会社で，われわれが合資会社の計算に関するヨーロッパ指令について認めているような統一会社が問題となるであろう[34]．外国の無限責任社員によって合資会社は見通すことができない法的影響のもとにもたらされることになる．

目下のところ，人的会社の場合，当事者がそれを望むだけであればこのことはさほど重要ではないと言えるかもしれない（商法典109条参照）．しかし，ことはそう単純ではない．本拠地法説は固有の組織を有する人的会社にも適用され，そしてこのことはとりわけ資本合資会社の場合にも当然のこととなる．なぜならその内部機関は，社員だけに基づくものではないからである．長期間にわたる国内財産組織が，そして資本会社が問題とされている．資本拘束，内部構造の明瞭性，債務の配分は局外者にとっても重要なことである．ドイツ法の強行規定をそのような会社に負わせることができるかもしれない．しかし，そ

のことによって生ずる法の不安定性は国内にとって耐えられないものである．

次のことも考慮されなければならない．すなわち，われわれの法は資本合資会社の場合に類型の混合を認めてきている．なぜならわれわれにとってドイツ法の諸類型はあきらかであり，われわれはそれらをコントロールしているからである．外国の形成物の場合，たとえばイギリスの有限会社（Limited Company）の場合にはそれがかけている．同じものは確保されておらず，われわれは国内からそれらを相応して吟味することはできない．

結局，ドイツの利益をそのような混成物の創設者の利益と比較衡量した場合，量目は沈み込む．国民はかれらが一度も見聞しない見通すのが困難な形成物に遭遇する（というのはかれらはドイツの会社との類似性を信じているからである）．これに対して創設者にとっては，ドイツ法に従い資本会社を設立し，それを無限責任社員とすることは簡単なことである．このような不均衡に際して国境を越えた類型混合に対し「否」と言うことはわたしにはもっともなように思われる．このことはヨーロッパにおいて主張することができる．

XV ヨーロッパ的企業形態——法的基礎

われわれは以下のことを止め置くことができる．すなわち，ヨーロッパ共同体は依然として国家の会社法を大きくなってきているヨーロッパの上音（Obertonen）によって統治しようとしていることは勿論である．しかし，つぎの問題がどうしても沸きだしてくる．われわれはそこでそれをそのままにしておいてよいのか？ われわれは本当にヨーロッパの法形式を目指したほうがよいのか？ ヨーロッパ経済共同体条約235条がそのための法的基礎を提供している．

「共同体市場の枠内でその目標の一つを実現するために共同体の活動の展開が必要とされ，そして共同体条約中にそのために必要とされる権限が定められていない場合には，評議会は全員一致により委員会の勧告に基づきそして総会の聴聞の後に適切な規定を発布する」

この規定の射程距離は議論されている[35]．問題は広範囲にわたっている．

ある者は，共同体の権力に対して驚愕しており，他の者にとってはその権力は正しいものになる．ここに選ばれた国民代表によるコントロールのない，広範な権限が理由付けられる[36]．

しかし，どうであれ，ヨーロッパ会社の形態はヨーロッパ経済共同体条約2条の目標に順応しており，それゆえ同条約235条によって保証されている[37]．それゆえ，ヨーロッパ委員会はまずもってこのことをそのヨーロッパ株式会社の定款（規約）に関する勧告の拠り所としている．

統一ヨーロッパ文書によってさらなる法的基礎が加わった，すなわちヨーロッパ経済共同体条約110条aである．同条は，同条に依拠する命令および指令をヨーロッパ経済共同体条約148条による特別多数決によって決議することができるものという「利点」をもっている．その重点は，加盟国の関係への柔軟な適合を認める指令にある．

XVI 必 要 性

しかし，加盟国の法が会社形態についてそんなにも豊富な選択を提供しているところで，ヨーロッパ企業という形態の必要があるのか？　目下，3つの理由からそれを肯定すべきであろう．すなわち，なるほど国境を越えた会社形態は可能である．オランダとイギリスとの二重会社であるユニレバーとシェルがその例である．しかし，他の試みは失敗している．国家法はなんら調和してはいない．さらに，当事者はしばしば外国法を，面目を失うことを，言葉の問題を恐れている．法律学にとっては次のことがいちばん重要である．すなわち，ヨーロッパ会社という形態は，国境を越えた議論を軽減し，思想を国家の言語規範やその他のハンディからおおいに解放する．しかし，このことがヨーロッパ共同体にとって決定的なことなのである．われわれは実際をヨーロッパ的に見ること，ヨーロッパの図式の中でそれについてヨーロッパ的に語り，思考しそして共同することを学びたいと思う．われわれにとってヨーロッパ会社という形態は非常に役立つものとなろう．

XVII　ヨーロッパ経済利益協定

　ヨーロッパ経済利益協定（EWIV）が始まりとなる．それは閣僚理事会の命令に基づき[38]，ヨーロッパ経済共同体条約235条に依拠している[39]．ヨーロッパ経済利益協定はフランスの経済利益団体に従うものである．それは固有の法人格を有する合名会社である[40]．税務上もそれは同様に取り扱われる[41]．しかし，同協定は単に限られた任務しか有しないことを余儀なくされている．それは構成員の経済活動を緩和あるいは発展させ，同様にその活動の成果をより良きものにしあるいは高めることを認めているだけである．それは自分自身のために利益を得てはならない．このことはその弱点である．なぜならそれが非常に発展した場合，雇人から主人になった場合にはそれは解散されることになる．それゆえ実際は控え目になっている．ヨーロッパ共同体でこれまで約400の協定があるにしか過ぎない（とくに自由業者間の共同という形態で）[42]．

XVIII　ヨーロッパ株式会社

　ヨーロッパ株式会社（Societas Europa-SE）の定款のための委員会の勧告は非常に多くのことを要求している[43]．命令はヨーロッパ経済共同体条約100条に依拠すべきものとされている．勧告された定款はだいたいのところ会社の設立とその組織を規制している．欠缺は会社がその本店を有する加盟国の法によって埋められなければならない．本店は定款が定めた場所にある．それはヨーロッパ共同体の中になければならず，しかも中心的管理のある場所と一致していなければならない（5条）．本拠地法説はこのように貫徹されている．本店のある国家で株式会社に適用される法律が補充的に適用される（7条1項b）．

　会社は取締役監査役会システムか単一の業務執行会議かを選択することができる（61条）．規制されているのは，株主総会での代理人による議決権行使である．代理行使をさせる株主以外の株主は常に代理人となることができる．そ

れによって監査役会構成員や取締役会構成員も，彼らが株主であれば，代理人に指名する門戸が開かれているように見える．このことは，われわれがそれをアメリカから知っているような「代理行使（voting by proxy）」へと容易ならず発展してしまうであろう．代理システムはドイツの寄託議決権よりも強く持分権者の力を奪ってしまうことは一般に知られている．もともと立案されていたコンツェルン法はあまり残されていない．支配企業（6条）はヨーロッパ株式会社の本拠地法である株式法に服していることがいまも言われるだけである（114条）．

定款は経営共同決定を規制していない．それに関する勧告は，労働者の地位に関する定款の補充に関する指令の中に見いだされる[44]．その接合は次のように考えられている．すなわち，ヨーロッパ株式会社は，発起人が指令の共同決定モデルの一つを選択した後で（命令8条3項，指令3条2項）はじめて登記簿に登記され，それによって法人として成立する（16条）．発起人がそれをしない場合には管理機関が決定しなければならない．その選択のために，ドイツの共同決定と同様のものとされるモデル（4条），労働者のための代表機関（5条），あるいは一定の情報義務を定めなければならない自由協定モデル（6条）が存している．共同決定についてこれまで定款の発効は失敗している．

XIX 地域および国際会社法

われわれは定款の勧告が本拠地法説から出発していることを見てきた（5条，7条1項b，11条a 1項）．このことはヨーロッパ共同体内部での本店移転の場合そしてとりわけヨーロッパ共同体外への本店移転の場合にも作用する．5条1項は本店は共同体内で移転することができること，このことは新たな法人の解散や設立に至るものではないことを定めている．しかし本店移転の場合には7条1項bにより補充的に運用される国家法は後退する（5条a 2項）．

それでも命令は移転計画に関し債権者保護および社員保護に配慮している．勧告はそこで次のように言っている．

「移転が7条1項bにより適用される法の交替という結果を生じた場合，移転計画は9条によって公にされる．移転に関する決議は，移転計画の公表後2ケ月たってはじめてなすことができる．SEの本店移転は，およびそれによって生ずる定款変更は，SEが8条によって新たな本店の登記簿に登記される時点に効力を生ずる．この登記は移転計画の公表に関する証明にもとづいてはじめてなすことができる」

ヨーロッパ共同体外への転出については117条aがつぎのように規定している．

「SEの本店が共同体から移転されることが確定した場合，各関係者あるいは管轄当局の申請に基づきSEの本店の裁判所はその解散の措置をなさなければならない．もちろん裁判所はこの解散原因を除去するため猶予を認めることができる」

本拠地法説に対するあきらかな賛成票である．

XX　ヨーロッパ協同組合

ヨーロッパ株式会社のための計画とならんでいまやヨーロッパ社団，ヨーロッパ相互保険社団およびヨーロッパ協同組合の定款に関する命令のためのヨーロッパ委員会の勧告がなされている[45]．それらは右の会社形態の場合の共同決定に関する三つの指令勧告によって補充されている．わたくしはヨーロッパ協同組合のための計画[46]だけを紹介したいと思う[47]．

その勧告はヨーロッパ株式会社のそれに依っている．ヨーロッパ協同組合の定款は一つの外郭法律とされている．それは特に重要な規定だけを含んでいる．それ以外は本拠地国の国家法が指示されている．それらは補充的に適用されることに留まっている．

ヨーロッパ協同組合の指揮について，ヨーロッパ株式会社の場合と同様，二つのモデルが選択のために立てられている．すなわち，指導機関と監督機関とを有する二元的システムと一個の管理機関を有する一元的システムである．労働者の地位は特別な指令が規制している．労働者には少なくとも報告と聴聞と

が保障されている[48]。

　勧告された定款は10万エキュ（ECU）の最低資本金を予定している．ヨーロッパ協同組合を利用するのではなく，資本を供給するだけの構成員（投資構成員）も認められている．ヨーロッパ協同組合は議決権のない投資持分も発行できる．このことはヨーロッパ協同組合の高い資本需要を考慮した結果である．

XXI　結　　語

　これでわたくしはわたくしのヨーロッパ会社法をめぐる無理強いの企ての終わりとしよう．ヨーロッパは発展中である，ヨーロッパはやってきたが，加盟国の同一性に関する問題が残されている．この緊張関係はマーストリヒト条約に関する議論やそこで強調された補充性の原則の議論以来われわれによく知られたものとなっている．文化の多様性とヨーロッパの単一性との間の緊張は，ヨーロッパ会社法の中に示されている．なぜなら，それは国家ヨーロッパ会社法（national-europäisches Gesellschaftsrecht）であるからである．

　いずれにせよ，われわれが本拠地法説をはねつけるということによって加盟国からその権限を奪う更なる方法は存在し得ない．本拠地法説はわれわれがヨーロッパ的解決を阻むという点になお存在し得る．それどころか類似性が必要とされている．もちろんヨーロッパの羽飾りを帽子につけそれで進歩的かつリヴェラルであるように見せることは簡単なことである．しかし，著作者のための名誉ではなくわれわれがまえもって分析し衡量しなければならない（移転の自由に関する産業的利益と対比させて衡量する）ヨーロッパ市民の現実利益が問題となっているのである．このことは市民法の形成的任務でもある．

　クロンケは国境を越えた類型の混合についての彼の論文の終わりにこういっている[49]。

　「問題となるのは，百年来，とりわけ企業の担い手の法の中心領域でまったくこの指令に依ってこなかった法秩序が，周辺から（非商事会社の企業の担い手の法，会社抵触法，他と同様）修正され得るかということだけである」

しかしわれわれの会社法を国際法の中に組み込むことはなんら周辺領域では
ない．利益の圧力のもとで立法の政策に反して仕方なく発展してきたものの後
追いをなすべきではない．いずれにせよ教授達は，公共の福祉のために随行し
て行かなければならない．かれらは他の者より多く入念に考慮するための時間
を有している．かれらは多くの距離を保っていなければならない．わたくしが
自分の多くの時間の一部をこの講演を準備するために使うことができるのは喜
ばしいことである．そのような時間がなくまた距離を保つことのない教授は自
己の職業選択を誤った者である．

1) Vgl. これに関し，Ebenroth, Ausländische Investitionen und EG-Integration, FS Rebmann, München 1989, S. 729; Abeltshauser, Towards a European Constitution of the Firm: Problems and Perspektives, Mich. J. of. Intern. L. 11 (1990) 1235; Setting Up a Company in the European Community. A Country-by-Bountry Guide, Erys Press 1989; Coard, The European Alternative to Uniformity in Corporation Laws; Mich. L. R. 89 (1991) 2150; 全体に関し，Das Gesellschaftsrecht auf dem Wege nach Europa, ZGR 21 (1992), Heft 3; とりわけ，Lutter, Perspektiven eines europäischen Unternehmensrechtes-Versuch einer Summe, ibid. 435.

2) Nachweise in Bundesstelle für Außenhandelsinformation, Gesellschaftsrecht in der Europäischen Gemeinschaft, Köln 1991 S. 3; Wiesner, Stand des Europäischen Unternehmensrechts, EuZW 1992, 270; Hopt, Harmonizierung im Europäischen Gesellschaftsrecht, ZGR 21 (1992) 265.

3) Großfeld, Bilanzrecht, 2. Aufl., Heidelberg 1990, S. 163; Alsheimer, Das den tatsächlichen Verhältnissen entsprechende Bild der Vermögens-, Finanz- und Ertragslage, RIW 1992, 645.

4) Großfeld, Bilanzrecht für Juristen, NJW 1986, 955.

5) Helmrich, Bilanzrechtliniengesetz, München 1986.

6) Leffson, Grundsätze ordnungsmäßiger Buchführung, Düsseldorf, 7. Aufl.; Leffson/Rückle/Großfeld, Handwörterbuch unbestimmer Rechtsbegriffe im Bilanzrecht des HGB, Köln 1986.

7) Großfeld, Grundlagen des Europäischen Bilanzrechts, WpG 1988, 419.

8) Vgl. Hommelhoff, Konzernrecht für den Europäischen Binnenmarkt, ZGR 21 (1992) 121; ders., Zwölf Fragen zum Konzernrecht in Europa, ibid. 422; Slagter, Einheitliches Konzernrecht in Europa, ibid. 401; Gleichmann, Bericht über die Arbeit zur normativen Erfassung des Problems der verbundenen Unternehmen, insbesondere der Konzerne, bei europäischen Rechtangleichung und im Rahmen

der Schaffung Europäischen Gesellschaftsrechts, in : Das Gesellschaftsrecht der Konzerne im internationalen Vergleich, Baden-Baden 1991, S. 581.
9) ABl. EG Nr. L 334 v. 18. 11. 1989, S. 30.
10) ABl. EG Nr. L 348 v. 17. 12. 1988, S. 67.
11) EuGH, Rs. 270/ 81, Felicitas Rickmers-Linie/Finanzamt, RiW 1982, 611 ; Großfeld/Bilda, Europäische Rechtangleichung.
12) EuGH, Rs. 255/81, R. A. Grende/Finanzamt, RiW 1982, 609 ; Everling, Zur Auslegung des durch EG-Richtlinien angeglichenen nationalen Recht, ZGR 21 (1992), 376.
13) EuGHE, 1990, Rs. C 106/89, Marleasing, I-4135, 4160, 13. 11. 1990.
14) Rs. C-19, 20/90 v. 30. 1. 1991, Karella/Ypourgos viomichanias ; これに関し Samara-Krispis/Steindorff, Common Market L. R. 29 (1992) 615 ; Bleckmann, Probleme der Auslegung europäischer Richtlinien, ZGR 21 (1992) 364.
15) Junker, Die einheitliche europäische Auslegung nach dem EG-schluldvertragsübereinkommen, RabelsZ 55 (1991) 674.
16) これに関し, Großfeld/König, Das Internationale Gesellschaftsrecht in der Europäischen Gemeinschaft, RiW 1992, 433 ; Reindl, Companies in the European Community : Are the Conflict-of-Law Rules Ready for 1992 ?, Mich. J. of Intern. L. 11 (1990) 1-270.
17) Vgl. Großfeld/Beckmann, Rechtskultur und Internationales Gesellschaftsrecht, ZVglRWiss 1992, Heft 4.
18) とりわけ, Knobbe-Keuk, Umzug von Gesellschaften in Europa, ZHR 154 (1990) 32-5 ; Timmermans, Methods and Tools for Integration, in : European Business Law, Berlin, New York 1991.
19) Vgl. Seeligmann, A Case for Federal Minimum Corporate Law standards, Maryland L. R. 49 (1990) 947 ; Hatzis-Schoch, Die Bedeutung von Delaware für das US-amerikanische Gesellschaftsrecht, RIW 1992, 539.
20) Conard, (oben FN 1) 2195.
21) EuGHE 1979, Rs. 120/78, Rewe, 649.
22) EuGHE 1974, Rs. 33/74, Van Binsbergen, Urteil vom 3. 12. 74, 1229 ; EuGHE 1979, Rs. 115/78, Knorrs/Secretary of State, 399.
23) EuGHE, 27. 09. 1988 - Rs. 81/ 87, RiW 1989, 304 = JZ 1989, 384 ; Wilmowsky, Gesellschafts- und Kapitalmarktrecht in einem gemeinsamen Markt, RabelsZ 56 (1992) 521 ; この点で批判的なものとして, Samara-Krispin/Steindorff, (oben FN 14) 618.
24) Recueil Dalloz Sirey, 1992, Jurisprudence S. 29 = RIW 1992. 578.
25) Großfeld/Jasper, Identitätswahrende Sitzverlegung und Fusion von Kapitalge-

第 2 章　ヨーロッパ会社法　61

sellschaften in die Bundesrepublik Deutschland, RabelsZ 53 (1989) 52 ; Weitnauer, Die europäische grenzüberschreitende Gesellschaft, EWS 1992, 165.
26)　Ehrlich, Grundlegung der Soziologie des Rechts, München, Leipzig 1913, S. 56.
27)　Großfeld/Erlinghagen, European Company and Economic Law ; in : The Common Law of Europe and the Future of Education, Maastricht 1992, S. 295.
28)　EG-Kommission/Ireland, Urteil v. 04. 10. 1991, Rs. C-93/89, Common Market L. R. (1991) 697.
29)　EuGHE　1989, Rs. C-216/87, The Queen/Ministry ... ex Jaderow Ltd., Urteil v. 14. 21. 1989, 4509.
30)　BayObLG, DB 1992, 1400.
31)　BayObLG (Landhut II), IPrax 1986, 368, 369 mit Anm. Großfeld, Die "ausländische juristische Person & Co KG", IPrax 1986, 351.
32)　Anm. Großfeld/Strotmann, Auslandische juristische Person aus Nicht-EG-Staat als Komplementär einer KG. IPrax 1990, 298.
33)　Kronke, Schweizerische AG und Co KG-jüngste Variante der "ausländischen Kapftalgesellschaft & Co", RIW 1990, 799.
34)　ABl. EG Nr. L 317 v. 16. 11. 190, S. 60.
35)　Vgl. dazu Tschofen, Art. 235 of the Treaty Establishung the European Economic Community : Potential Conflict between the Dynamics of Law Making in the Community and National Constitutional Princips, Mich. J. of Intern. L. 12 (1991) 471.
36)　最終的に, EG-Kommission/EG-Rat, Common Market L. R. (1988) 131 ; EG-Kommission/EG-Rat, Common Market L. R. (1989) 870, 883.
37)　Vgl. Kraußer, Das Prinzip begrenzter Ermächtigung im Gemeinschaftsrecht als Strukturprinzip des EWG-Vertrages, Berlin 1991.
38)　ABl. EG Nr. L 199 v. 31. 7. 1985.
39)　ABl. EG 1985 Nr. L 199 S. 1- (Verordnung) Nr. 2137/85.
40)　Deutsches Ausführungsgesetz vom 14. 4. 1988. EGBl. I 1988, S. 514 ; vgl. BT-Drucks. 11/352 v. 25. 05. 1987 ; この点について, Die Europäische wirtschaftliche Interessenvereinigung, Heidelberg 1988 ; Ganske, Das Recht der Europäischen Wirtschaftlichen Interessenvereinigung (EWIV), Köln, Bundesanzeiger 1988 ; Dirk van Gerven/Karel A. V. Aalders, European Economic Community Grouping, Deventer/-Boston 1990 ; Die Europäische Verordnung ist vom 25. 7. 1985.
41)　Steuerliche Behandlung der Europäischen Interessenvereinigung, BMF-Schr. v. 15. 11. 1988 IV 5 C - S 1316-67/88, DB 1989, 354.
42)　von Rechenberg, Die EWIV - Ihr Sein und Werden, ZGR 21 (1992) 299, 300.
43)　ABl. EG 1991 C 176/ 1 ; BT-Drucksache 12/ 1004. Dazu Trogan-Limmer, Die

geänderten Vorschläge für ein Statut der Europäischen Aktiengesellschaft (SE), RIW 1991, 1010; Rasner, Die Europäische Aktiengesellschaft (SE) - ist sie wunschenwert ?, ZGR 21 (1992) 314; Kolvenbach, Die Europäische Aktiengesellschaft - eine wohlgemeinte Utopie ?, FS Heinsius, Berlin u. a. 1991, S. 379; Hauschka, Die Europäische Aktiengesellschaft (SE) im Entwurf der Kommission von 1991: Vor der Vollendung? EuZW 1992, 147.

44) ABl. EG Nr. C 138 v. 29. 5. 1991, S. 8.
45) Vgl. Uwe Schneider, Europäischer Verein, Europäische Genossenschaft, Europäische Gegenseitigkeitsgesellschaft, EuZW 1992, 193.
46) ABl. EG Nr. C 99 v. 21. 4. 1992, S. 17-36.
47) 詳細は, Großfeld/Fischer, Europa steht vor der Tür, ZfgG 43 (1993), Heft 1; Kessel, Der Entwurf zum Statut der Europäischen Genossenschaft, EuZW 1992, 475.
48) Vorschlag für eine Richtlinie des Rates zur Ergänzung des Statuts der Europäischen Genossenschaft hinsichtlich der Rolle der Arbeitnehmer, ABl. EG Nr. C 99 v. 21. 4. 1992, S. 37.
49) Kronke (oben FN 33).

(翻訳：丸山　秀平)

コメントおよび討論

司会(小島)　ラウンドテーブルの方に移りたいと思います。
司会は，永井教授と私が担当いたします。
どうぞご質問をお願いいたします。
まず最初に，丸山さんから質問ないしコメントをお願いしたいと思います。

丸山　翻訳を担当しました関係上，ちょっとグロスフェルト先生の講演に関連しまして，コメントいたしたいと思います。
ヨーロッパ会社法につきまして，重要な問題点というのをかなりお示しになられたわけであります。
まず最初の問題点といたしまして，ヨーロッパ会社法（国内会社も含めた）に関連して，ヨーロッパにおける法の統一の方向の中で，ヨーロッパ共同体の加盟国の国内会社法同士の調整の問題が出てくるということです。
その一番顕著な例として，レジュメのⅣのところで示された会計法（ビランツレッヒト）についての問題であります。
これは，いろいろ草案があって，それが多少修正されてきたのでありますけれども，先生がおっしゃったように，実務家サイドでそれほど十分な会計法に関する統一の問題がなかなか示されなかったり，あるいは草案が余りにも技術的であったので，実際にはなかなか適用することが困難であったということを前提といたしまして，ドイツの連邦議会の法務委

員会のメンバーあるいはグロスフェルト先生も含めたドイツの著名な教授の方によって会計法の提案の内容が形づくられたんだということをおっしゃっておりました。

実際には，会計法についてはまだ十分に全体の統一ができないのですけれども，レジュメで示したように，それは法の基準の統一についてかなり進んだレベルでの問題点を示したということに意義があるのではないかということです。

レジュメのⅤの欠損のところでは，会計法はある程度内容的にいい成果を上げたけれども，そのほかの指令などの内容についてはまだ十分に実現されていないし，実現される前にいろいろな問題が出てきているんだということであります。

レジュメにはそんなに詳しく書きませんでしたが，先生の方でおっしゃったのはコンツェルン法の問題であります。

コンツェルン法については，コンツェルン形態というよりも，その責任をどういうふうにするかという問題について，ドイツ法とほかの国の法律がかなり違っておりますので，まだ十分な調整がなされていないという指摘をなされておられたようです。

資料のⅥのところでは，ヨーロッパ共同体裁判所の法解釈の問題が示されております。

これは，国内法の解釈というよりは，指令が国内法の解釈とどのように関係づけられているのかという点にある。

具体的な問題としましては，また後で述べられておりますデーリー・メールの問題などがここここで論じられているようであります。

その前に，Ⅷのところで，ヨーロッパ会社法だけではないんでしょうけれども，ヨーロッパ会社法の問題を考える場合には，やはりヨーロッパ共同体内における各国法における法比較というものが非常に重要な任務になっているということであります。これは，まさにもちろん学者というよりは裁判官の任務という形で課せられているものではないかということであります。

一つの問題は，Ⅸのところでありますが，国際私法などは私も専門家ではないのでよくわからない点がありましたが，デーリー・メール事件において問題になったところであります。

本店の移転をする場合に，ある国からほかの国に本店を移転する場合，その国の法律などによって移転を制限する場合がある。それが本来のヨーロッパ法の理念に反するのではないかというところが問題になったわけです。

これは後で議論があるのではないかと思いますが，ヨーロッパ法的な面からとらえれば，やはり移転の自由というのは保障されなければいけない。

しかし，会社というのはそれぞれの会社はそれぞれの国内法の規定に基づいて設立されているんだから，国内法というものを前提としなければ，会社の問題も片づけられないということになってまいります。

ですから，そこでも最小限度の統一性といいますか，基準の問題で解決することになるのではないかということです。

それは，一つにはその前後に出てきましたが，その前に共同体裁判所の過失判決——フランス語なので正確には読めま

せんが，過失判決が非常にヨーロッパ法的な流れの中で積極的な判決を出してきたということをどの程度くみ取ったらいいのかという問題があるのではないかと思います。

ただし，国内法的な問題としてとらえた場合には，バイエルンの裁判所の判決などが少し出てきましたけれども，国内法的な制限というものが合理性を持っている場合には，それは優先させてもいいのではないかというような点も示されております。

この辺の緊張関係というものを，ヨーロッパ法的な観点からどういうふうに解決するのかというのが問題ではないかと思います。

前半は，そういう意味での国際私法的な面が問題とされております。後半は，XVぐらいになりますけれども，ヨーロッパ的な企業形態を考える場合の問題であります。

つまりそれぞれの国の会社法によって設立された会社ないし団体というものだけのレベルで考えているのではなくて，ヨーロッパ共同体全体における会社という問題を考えるということになります。

その場合には，やはりヨーロッパレベルでの団体ないし会社ということを考えなければいけないのではないかということです。

それは，XVIの必要性のところが理由づけとして出ております。先生がお話しされたのは，XVIIのヨーロッパ経済レート協定——正しい訳ではないかもしれませんが，そういう提案が示されております。

それから，XVIIIのところで出てきましたヨーロッパ株式会社の問題があります。これは，かなり重要な制度として位置づけられているようです。

内容的なところでレジュメには書いておきませんでしたけれども，ヨーロッパ株式会社の場合には，株主総会における議決権行使について代理行使が認められているということです。

その代理人が実際に議決権行使をする株主以外の者も代理人となることができるということが規則案の内容として示されております。

したがって，こういう代理行使を大幅に認めるということになると，いわゆるヨーロッパ法的なプロシーの問題が出てくる，つまり代理権の争奪の問題が出てくるというようなところを講演の中では示されていたと思います。

それから，XXのところはヨーロッパ株式会社と並んで，ヨーロッパ協同組合，相互保険会社についての提案も新しい提案として出てきているということであります。

結論のところですが，皆さん，先生の講演でおわかりだろうと思いますけれども，最終的な法の統一とか，全体的なヨーロッパ法を目指すわけではないということです。現在，目指されているのは，それぞれの国の現実を見据えた上での法の調整というものではないかということが大体の内容であったと思います。

私の方から特に質問はございませんので，皆さんの方で何かありましたらお願いをいたしたいと思います。

司会（永井）　それでは，ご質問・ご意見を伺いたいと思いますけれども，初めに記録の都合上，ご氏名・所属を述べて

いただきたいと思います．

木川（弁護士） ドイツの株式会社の営業の一部をフランスの株式会社に譲渡するというような問題も論議されているのでしょうか．

グロスフェルト それも考えております．

　　　　　　　　　　（通訳：福田）

木川（弁護士） 会社の解散が行われると，株式会社の場合は整理が行われると思うんですけれども，資産がフランスにたくさんあるというふうな問題も全体の中で検討されているんでしょうか．

福田 今の御質問は，会社がドイツで解散したのが，資産がフランスにある場合にどのようになるかということですか．

木川 そういう場合の対応策も検討しているんでしょうか．

グロスフェルト 私は，準備してきた報告書においては，「国際会社法」について論じました．口頭による報告では，その詳細は省きました．その理由は，次の点にあります．地理的状況が日本とドイツではまったく異なります．ドイツは，8カ国と国境を接しているのに対して，日本は，どの国とも国境を接しておりません．したがってドイツの会社法が何を規定しているか，いかなる場合にドイツの会社法が適用されるかといった問題は，ヨーロッパの人間にとっては，非常な関心事です．フランスにとっても，事情は似ております．フランスもスペイン，イギリス，ベルギー，ドイツ，スイスといった隣国を持ち，自国の主権を会社の場合にも保護したいと考えております．したがって，ある会社がドイツからフランスへ，またはフランスからドイツへ移転する場合に，それは現在のところうまく行きません．

　ドイツには次のような問題があります．ドイツには，被用者の共同決定という制度があります．被用者の共同決定を避けようと思ったら，共同決定という制度がない国へ行く誘惑は，大きいものとなります．これが，私達ドイツの問題です．ドイツの法は，使用者にとって何がよいかまたは産業にとって何がよいかだけを，問うことはできず，社会的な力の均衡にとって何がよいかを考えなければなりません．

　新潟大学の小島（康裕）先生は，日本企業における被用者の地位について一つの論文を書き，その中で，非公式な手続を採用していることによって経営者側と被用者とが互いに常に話し合わなければならないようになることを示しました．親しい人間関係や伝統という理由から日本でうまく行っていることを，ドイツにおいては，法的に構成しなければなりません．これをドイツでは，共同決定と呼んでいるのです．

　ですから日本企業がヨーロッパに行く場合，日本人はどの国において会社を設立したいのかを事前によく検討する必要があります．後になれば移転するのが困難になります．ヨーロッパ会社法は，反デラウェア効果を有していますから．

丸山 会社の立法主義というか規制の方法が非常に緩い場合と厳格な場合とがある．だから，アメリカ法というのも特にそこで議論があるんですけれども，かなりデラウェア州などでは，会社にとって有利，経営者にとって有利な法制度が

制定されている．

　例えばアメリカで会社を設立するとか，アメリカの中での会社の場合でもより有利なところに全部設立しようとするということの逆の問題だと思います．

　布井(東海大)　今，グロスフェルト先生がヨーロッパ株式会社法に関しまして，サビシィディアリティーの原則の適用があると説明されたわけです．

　私の理解するところによると，会社の組織とか運営機構あるいは設立といった問題がEC法の規制の対象となり，残りのコンツェルン法とか破産（＝バンクラプシー）とかタックスの問題というのは国家法の規制領域になる．これがいわばサビシィディアリティーの原則の適用であると思われるわけです．

　これに対しましては，そのような各加盟国の規制権限を認めるということになると，統一的な会社法を形成しようとしている理念が損なわれるのではないかという懸念があるわけです．実際にドイツにおいても，その点は大きな批判の的となっているわけでございまして，その点に関してご質問を申し上げたわけです．

　司会(小島)　ご質問なさったので，一番内容がよくおわかりになると思いますので，グロスフェルト先生は英語でお答えになるそうですから，後の内容のご紹介をお願いいたします．

　グロスフェルト　そのような批判があるのは事実であります．

　当初の案では，詳細を含めてすべてにわたる規制を計画していたわけです．

　おわかりだと思いますけれども，文化の違いがあって，単一法では各国の実情に合わない．

国際社会においては細目について妥協が必要であります．

　もちろんそのような全面的な統一化というのはモノカルチャーになるということではないかと思います．

　同様に，統一的なヨーロッパというのは望んでいません．

　将来にわたっても，各国の違いというのは現状と同じように異なっていると思います．

　ヨーロッパ会社法の理念というのは，全く正規の手続なしに各国法に反映されていきます．

　猫のようにこっそり行って，一遍につかみかかります．

　すべての国内会社法というのは，ヨーロッパの法規であるように解釈されたという，EC裁判所の判決があったそうです．

　すべての国内会社法の規定というのは，その全部がというところが重要なんですが，EC指令の内容あるいは精神にのっとって解釈されます．

（要約通訳：布井）

　司会(小島)　そうすると，その指令の影響力というのは単なる文言を超えた深いものになる可能性があるということですね．

　丸山　この点は，実はレジュメには入っていなかったんですが，先生の原稿の中には今のヨーロッパ共同体裁判所の判決もすべての国家会社法をヨーロッパに沿うように解釈しなければいけないという原則を確立しているんだというコメントがなされております．

　司会(小島)　先生，多様性こそ一つの強みであるということをおっしゃいまし

たので，統一ということは現在考えておられないんですけれども，もしも一つの夢想家として，統一法を持つとすれば将来どのような国の会社法が理念に近いんですか．

グロスフェルト　過去においては，違いというのが非常に過大に評価されてきました．

ドイツの株式会社法は，フランスのアネニュームに由来しています．

フランスの制度はオランダとイギリスの経験に基づいております．

イギリスの法律がドイツの株式会社法を形成する主要な要素でありました．

ドイツ，フランス，オランダ，イギリスというところの会計法というのは，16世紀のブリュッセルの文書に基づいております．

なぜならばその当時，ブリュッセルが商業の中心地であったからです．

その前には，イタリアのシステムがあって，それがいろいろな国に広がっていきました．

（通訳：小島）

ネル　英米法と大陸法の違いというようなことを取り上げても，そこには本質的な違いがなかった．それは，16世紀の北部イタリアの商慣習から生まれてきている．

そういう意味で，ヨーロッパの中に存する共通の根というのは非常に強力なものがあります．

（通訳：小島）

司会（小島）　ヨーロッパの会社法については，根本において共通なものがあります．

そして，それを最初にグロスフェルト先生がおっしゃいまして，それを法制史の観点からネル先生が補足されました．

グロスフェルト　話は変わりますが，用語からして非常に共通なものがあります．貨幣について見れば，オランダはフローリアンを使っているけれども，これはフローレンスということから来ていますし，パウンドというのもイタリアから来ています．

この点はちょっと自信がないんですが，各国の立場から見ますから，そういう基本的な共通性というのはしばしば見逃されやすい．

さらにネル先生から，カンビオというのは両替ですけれども，これもイタリア語から来ているし，私がつけ加えたのは破産というのでもバンクロッタということで，その言葉が世界に普及しております．

アングロアメリカンローといいますけれども，イギリスの法律はこのように欧州の大陸と近似しておりまして，また今度イギリスとアメリカの対比ということになりますと，アメリカになるとそこが非常に違ってまいります．

法的な表現の点で共通性が一つもありません．

（通訳：小島）

小島　今の私の質問は，主要なヨーロッパ各国の中でどこの国がヨーロッパの将来の基本として最も理想に近いかということを重ねて伺いましたところ，そういう質問自体が若干的外れのようでありました．

結局，ヨーロッパの法律というのは主要な3国の要素を中心として，その混合体であって，そう基本的な違いはありま

せんが、共同決定法のところが労働者の地位に関して、会社法における規定が重要な違いになってくるのではないかということでした。

グロスフェルト イギリスでは話す言葉が労働者階級と上流階級で違いますから、そういう差がイギリスでは大きく見られます。

私は、ドイツで会社の役員になっておりますが、そこでの経営者と労働者の議論を聞いていると、両者の間には言語上の差がほとんど発見できません。

ドイツでは、社会的な調和というのが極めて重要であります。というのは、そこで非常に崩れやすいようなものがドイツにはあるんだという認識のようです。

第二次世界大戦後のそういう問題というのは、共同決定法なくしてはおそらく克服できなかったでしょう。

結局、調和というのが統一化、同調が進んでいくにしても、共同決定についてはドイツに関する限り、ドイツのプレロガティブがあって、その点は譲れないのではなかろうかと思います。

(通訳：小島)

永井 共同決定に関しては、SEでは四つの共同決定のモデルをつくられているということですが、そういう場合やはりドイツは依然として従来のものを維持するということになると、先ほどまだ1991年の案が決定されたとは聞いておりませんが、もし決定された場合、そのあたりドイツは一体どうなるのでしょうか。

グロスフェルト ヨーロッパ株式会社というものができれば、ヨーロッパ会社法が適用されるでしょう。しかし或る会社がその本店をドイツにおいた場合には、その場合に限り、ドイツの共同決定に関する規則が優先しなければなりません。ドイツが共同決定という制度に固執すると、ヨーロッパ会社法の成立を困難にしますが、阻止することにはなりません。私達は、先ほどのような国内法とヨーロッパ会社法との関係を言う際に、「重畳理論（Überlagerungstheorie）」という表現を使います。

(通訳：福田)

永井 EC会社法の場合は、各指令に反した国内法も依然として効力を持つ。指令の場合は先ほどEC裁判所によって各国法にかなり強制されますね。

グロスフェルト 指令はまだ草案にすぎません。指令はまだ採択されていません。指令はまだ効力を持っていないのです。異なった理由から、イギリスとドイツが反対しています。しかし共同決定に関する問題は、私にとってはとても重要なことです。ご質問ありがとうございます。外国においてはドイツの共同決定という制度が間違って見られています。日本人は、この制度をずっとよく理解することができます。なぜなら日本には、非公式な対処方法があるからです。日本人が非公式に行っていること、日本において良いとされていることを、ドイツ人は、徹底的に公式に行います。日独の文化は、しばしば説明されている程には、異なっていることはないと私は考えています。私自身の経験から一つの例をお話しましょう。私はゴーター生命保険会社の取締役会の一員です。この生命保険会社は、日本の第一生命保険相互会社の親会社です。第一生命保険会社は、日本の

会社ですが，百年前に我々のゴーター生命保険会社の定款を取り入れました．第一生命保険相互会社には，今でも，我々と同じいわゆる英雄がいるのです．アーノルディの記念碑があります．アーノルディは，ゴーター生命保険会社の設立者です．東京にある彼の記念碑は，第一生命保険相互会社によって建てられました．なぜなら，会社の基本思想がゴーターのアーノルディからゴーター生命保険会社を経由して東京にやって来たからです．ゴーター生命保険会社は，ヨーロッパの共同市場でより大きな問題を抱えていました．アメリカやイギリスの会社との新しい競争です．私達は，リストラつまり再構築をしなければなりませんでした．私達は，大きな子会社をゲッティンゲンからケルンに移し，他の子会社をケルンからゲッティンゲンへ移さなければなりませんでした．この移転は，共同決定という制度のおかげですばらしくうまく行きました．というのは，役員会に出席している被用者代表が，ヨーロッパの厳しい状況を我々役員と同じように正確によく知っているからです．彼らは，労働者および従業員に説明する際に大いに助けてくれました．彼らは，「資本家がどうのというのではなく，ヨーロッパでは，こうなっているのである．我々は，ドイツにおいて競争力をつけなければならない．諸君，手を貸してくれ」と説明しました．リストラは，かくして不平の一つも出ずに，うまく行きました．これが，共同決定です．共同決定によってのみうまく行ったのです．なぜなら共同決定は，第一級の社会統合要因であるからです．リストラについての決定は，共同

の会話，外国についての共同の観察を通して準備されたのです．

（通訳：福田）

石川 中央大学の石川でございます．

畑違いの分野で恐縮ですが，二つ質問いたします．

一つは，このヨーロッパ会社法という言葉を聞いておりますと，我々の分野ではヨーロッパ行政法という概念が浮上しておりまして，実際問題，教科書を見ると，かなり国内行政法の記述が減って，ヨーロッパ行政法の記述がふえてきている感じがします．これは，先生のご専門の会社法の分野だとどうなのかということです．

グロスフェルト 私が書きました『ヨーロッパ企業法』という教科書の第3版が出版されましたが，その中では国内法の記述が減って，ヨーロッパ会社法の記述がふえました．

その比重は，同じようにエーリヒゼンという人が行政法の総論の部分で国内法の記述が減って，ヨーロッパ行政法の記述がふえたのですが，その比率からすると，もっと私の書いた教科書におけるヨーロッパ会社法の比重の方が大きいと思います．

これは，大学の先生というのは教育者として次の世代である学生を育てていくわけですから，楽観的ではないと勤まらない商売でありますから，そういう角度から同じような発展が会社法でも見られます．

（通訳：石川）

石川 二つ目の質問は，話が変わりますけれども，先生のこのレジュメの中で「アングライヒルム」という言葉が使わ

れておりますが，EC法の文献を読んでおりますと，「ハルモニヅィールム」という言葉も使われることがあります。このアングライヒルムとハルモニヅィールム，英語のハーモナイゼーションでしょうか，これが同じなのか，違うのかということです．

グロスフェルト ハルモニヅィールムという言葉は外来語で，アングライヒムというのがそれに対応するドイツ語の表現なので，この二つの言葉はほとんど同じことを意味しています．

（通訳：石川）

布井 私の質問は，このヨーロッパ株式会社に関する否定的なサイドの見解でありまして，ヨーロッパ会社法はこれはまだ案なんですが，例えこれが成案になったとしても，ヨーロッパ株式会社という会社形態を採用するのは少数にとどまるのではないか，というのは，税法上ヨーロッパ株式会社に対して何ら優遇措置が与えられていないということです．

グロスフェルト ヨーロッパ会社法の中立制ということで，ドイツであろうが，フランスであろうが，イギリスであろうが，いずれの国においても同等のものが適用されます．

「ヨーロッパ」という言葉はいい響きがある．

会社を解散せずに本拠地を移転することができる．

統一の市場の中で強い地位を持ちます．

税法というのは毎年変わるので，会社形態のことについては何も言えない．

法人税法については100年前からドイツではある．

したがいまして，100年という短い期間で社会構造に関して，どの程度影響を与えるかというのには経験が少な過ぎる．

税法は大事ですが，お金の構造などに関しては主要な問題ではないのです．

（通訳：井）

司会（永井） 今の構造指令，第5会社指令といったものをめぐったり，またEC会社法の可決される見込み云々とか，いろいろな問題で聞きたい点もあるとは思いますが，時間が大分延びておりますので，この辺で終わらせていただきたいと思います．

ありがとうございました．（拍手）

質疑参加者
基調報告　ベルンハルト・グロスフェルト（ミュンスター大学）
コメント　丸山秀平（中央大学）
通　訳　　福田清明（明治学院大学）
　　　　　小島武司（中央大学）
　　　　　布井千博（東海大学）
　　　　　石川敏行（中央大学）
質　問　者　木川統一郎（弁護士）
　　　　　布井千博（東海大学）
　　　　　小島武司（中央大学）
　　　　　永井和之（中央大学）
　　　　　石川敏行（中央大学）
総合司会　川添利幸（中央大学）
司　　会　小島武司（中央大学）
　　　　　永井和之（中央大学）

第 3 章
Die Aufklärungs-, Warn- und Beratungspflichten der Banken in der Rechtsprechung des deutschen Bundesgerichtshofe

VON

Klaus J. HOPT

Inhaltsübersicht

I. Haftungsgrundlage und Haftungstatbestand
 1. Der Ausgangspunkt in § 676 BGB
 2. Verantwortlichkeit aus Vertrag oder Gesetz
 3. Der Bankvertrag als Grundlage der Verhaltenspflichten
 4. Zur Berufshaftung und zur Verlagerung des Problemschwerpunkts auf die Begründung und Reichweite der Verhaltenspflichten
 5. Zur Prospekthaftung als Beispiel für marktbezogene Informationspflichten
II. Kriterien für die Bestimmung von Aufklärungspflichten
 1. Aufklärungsbedürftigkeit
 2. Absprache
 3. Intensität der gegenseitigen Beziehungen
 4. Schutzverzicht
 5. Betriebliche und finanzielle Tragbarkeit
III. Verhaltenspflichten und sonstige Tatbestandsmerkmale
 1. Wahrheits-, Berichtigungs-, Erkundigungs- und Organisationspflichten in der Rechtsprechung
 2. Verschulden, Mitverschulden, Beweislast, Freizeichnung, Verjährung
 3. Interessenkonflikte
 4. Wissenszurechnung und chinesische Mauern
 5. Die Rechtsfolgen
IV. Exemplifizierung an verschiedenen Bankgeschäften
 1. Einlagengeschäft
 2. Girogeschäft und Zahlungsverkehr
 3. Kreditgeschäft und Verbraucherkreditgeschäft
 4. Diskontgeschäft, Akkreditivgeschäft
 5. Wertpapier und Börse (Emissionsgeschäft, Wertpapierhandel, Anlagegeschäft und Vermögensverwaltung)

基調報告

I. Haftungsgrundlage und Haftungstatbestand

1. Der Ausgangspunkt in § 676 BGB

"Wer einem anderen einen Rat oder eine Empfehlung erteilt, ist, unbeschadet der sich aus einem Vertragsverhältnis oder einer unerlaubten Handlung ergebenden Verantwortlichkeit, zum Ersatze des aus der Befolgung des Rates oder der Empfehlung entstehenden Schadens nicht verpflichtet." § 676 BGB, in dem dieser ursprüngliche Ausgangspunkt des BGB[1] niedergelegt ist, spielt heute jedoch praktisch keine Rolle mehr. Vielmehr finden sich zuhauf Urteile, die in den verschiedensten Kontexten Aufklärungspflichten annehmen[2], - besonders im Bankvertragsrecht[3]. Die formelhafte Wendung der Literatur[4], es gebe keine allgemeine Aufklärungs- und Beratungspflicht und solche Pflichten müßten die Ausnahme bleiben, ist zwar richtig, aber für den Rechtsanwender belanglos.

Die Aufklärungs-, Warn- und Beratungspflichten gehen ineinander über. Die bei der Warnung implizierte Gefahr besteht auch bei der Aufklärung etwa über Vor- und Nachteile eines Bankgeschäfts, sonst hätte eine Aufklärungspflicht keinen Sinn, und die Warnung enthält zugleich ein Element des Beratens, nämlich eine bestimme Gefahr zu vermeiden. Um Rat muß zwar grundsätzlich gebeten werden, aber wer die Dienste bestimmter Berufsträger in Anspruch nimmt, darf erwarten, daß etwa die Bank je nach den Umständen von sich aus aktiv wird. Rechtlich sind solche Differenzierungen also wenig fruchtbar, und die Rechtsprechung nimmt heute Aufklärungs-, Warn- und Beratungspflichten pragmatisch je nach den Umständen an und stützt diese dann vielfach miteinander austauschbar auf (Auskunfts- oder anderen) Vertrag, Geschäftsverbindung, culpa in contrahendo oder unerlaubte Handlung.

Die Auskunftpflichten, bei der es um Tatsachenmitteilung auf Anfrage geht - so insbesondere bei der Bankauskunft -, werden im folgenden ausgeklammert. Rat und Auskunft, aber auch Zeugnis und Testat stehen zwar rechtlich im wesentlichen gleich[5]. Vor allem die beiden letzteren werfen aber doch zusätzliche besonders gelagerte Probleme auf, namentlich zur Haftung gegenüber Dritten, die hier nicht behandelt werden können.

2. Verantwortlichkeit aus Vertrag oder Gesetz

a) Haftungsgrundlage für unrichtige oder mangelnde Information ist nach

第 3 章　Die Aufklärungs-, Warn- und Beratungspflichten der Banken in ...　73

der Rechtsprechung wohl am häufigsten ein *Vertrag*. In vielen Fällen gerade im Bankensektor liegt ein konkretes *Einzelgeschäft*, etwa ein Girovertrag oder ein Kommissionsvertrag, oder, wenn man die Figur eines *Bankvertrags* anerkennt, ein solcher bereits vor, sodaß sich Aufklärung und Beratung unschwer als (Neben-) Pflicht aus diesem darstellen lassen. Schon dabei wird ein Doppeltes erkennbar, nämlich daß die Beschränkung der Fragestellung auf Informationspflichten "beim Vertragsschluß"[6] - schon für die Informationsproblematik und erst recht für den Anlegerschutz - zu eng ist und daß die Haftungsgrundlage in der Regel nicht das eigentliche Problem darstellt.

In anderen Fällen behilft man sich gelegentlich mit der Annahme eines eigenen, auch konkludent möglichen *Auskunftsvertrags*[7]. Die dazu angegebenen drei Hauptkriterien starmmen schon vom Reichsgericht: besondere, namentlich berufliche Sachkunde des in Anspruch Genommenen, erkennbar wesentliche Bedeutung der Auskunft für den Kunden z. B. als Grundlage einer beabsichtigten Vermögensdisposition und eigenes wirtschaftliches Interesse des Auskunftgebers. Die Fiktivität eines solchen Auskunftsvertrags[8] ist oft herausgestellt worden und auch der Rechtsprechung bewußt. Von den drei Kriterien trägt letztlich nur das erste der Sachkunde (und zwar ganz vorrangig der beruflichen Sachkunde), und dies bei der Begründung der Haftung ebenso wie bei ihrem Umfang. Das zweite Kriterium ist nichtssagend, da Aufklärungspflichten ohne Entscheidungsrelevanz für den Aufzuklärenden etwa den Bankkunden kaum vorstellbar sind. Das dritte ist in dem spezielleren Zusammenhang der Eigenhaftung von Organen, z. B. des GmbH-Geschäftsführers, und anderer Vertreter zuletzt von Medicus in der Festschrift für Steindorff einer treffenden Kritik unterzogen worden[9], die hierher übertragen werden kann.

Es verbleiben die Fälle eines *echten Beratungsvertrags*[10]. Sie finden sich meist, aber nicht notwendig nur bei einer Dauerberatung und kommen gerade im Kreditgewerbe heute immer häufiger vor. Die Beratung wird hier meist ausdrücklich abgesteckt, und sie wird besonders vergütet. Solche Verträge finden sich hauptsächlich im Effekten- und Vermögensanlagebereich. Die Grenzziehung zwischen Vermögensberatung und Vermögensverwaltung ist in der Vertragspraxis fließend.

b)　Neben der Haftung aus Vertrag steht die aus *Gesetz*. Das Reichsgericht hat hier als Haftungsgrundlage gerade im Bankenbereich häufig die *Geschäftsverbindung*[11] zwischen Bank bzw. Sparkasse und Kunden gewählt. Die Figur der Geschäftsverbindung stand nämlich bereits zu einem Zeitpunkt zur Verfügung, als die culpa in contrahendo noch nicht etabliert war. Historisch gesehen kann sie, wenn man sehr frühe Urteil des Reichsgerichts näher betrachtet, in gewisser Hinsicht sogar als Vorläufer der culpa in contrahendo angesehen werden. Aus dem durch die Geschäftsverbindung begründeten Vertrauensverhältnis folgt die Nebenpflicht, richtig und vollständig Auskunft zu geben.

Außerhalb des Bankenbereichs, neuerdings aber auch in demselben greift die Rechtsprechung häufiger auf *culpa in contrahendo* zurück. Das ist nicht zufällig. Die heute besonders kritischen Fälle der Eigenhaftung des Vertreters und der Dritthaftung lassen sich nämlich mit einer Haftung aus Geschäftsverbindung, auch wenn diese, wie längst geklärt, bereits für das erste Geschäft bei Beginn derselben angenommen wird, nicht mehr begründen.

Dogmatisch wird man heute die Geschäftsverbindung als rechtliche Sonderverbindung der gleichen Art wie culpa in contrahendo ansehen können. Die Geschäftsverbindung ist dann ein gesetzliches Schuldverhältnis, das vertragsähnlich begründet wird und für das § 278 BGB gilt. Ihre Besonderheit (gegenüber der culpa in contrahendo) mag man darin sehen, daß das Schuldverhältnis der Partner von vornherein auf einen nicht nur einmaligen rechtsgeschäftlichen Kontakt angelegt ist. Das hat Konsequenzen für Inhalt und Reichweite der aus ihr folgenden Verhaltenspflichten.

Ebenfalls hierher gehört die Haftung aus *unerlaubter Handlung,* doch stehen bei Bankgeschäften in aller Regel vertragliche oder quasivertragsähnliche Haftungsgrundlagen zur Verfügung. Allerdings spielt § 826 BGB in der Rechtsprechung eine ganz erhebliche Rolle, die in Wissenschaft und Praxis meist unterschätzt wird[12]. Das Vorsatzerfordernis ist nämlich eine weit geringere Barriere als vielfach angenommen, so z. B. bei Erteilung zu positiver Auskünfte, bei Unvollständigkeit von Prospekten, bei Unterlassung von Warnungen, aber auch hinsichtlich der Gefahr, daß ein Testat letztlich für Dritte bestimmt ist und an diese weitergegeben wird[13]. § 826 BGB ist aber wegen der Folgen für etwaige Freizeichnungsklauseln und der Nähe zum Betrugsvorwurf nachgerade gefährlich. Im Bankenbereich besteht dieses Risiko z. B. bei Vorliegen von Interessenkonflikten, im Zusammenhang mit Insiderwissen, bei der Ausnutzung von Wissensvorsprüngen zu Lasten des Kunden oder beim Zuschieben des gesamten Verlustrisikos an andere wie etwa in manchen Warenterminoptionsfällen.

3. Der Bankvertrag als Grundlage der Verhaltenspflichten

Unter den verschiedenen hier gemusterten Haftungsgrundlagen bleibt jedenfalls für die Aufklärungspflichten der Kreditinstitute die Wahl zwischen der Annahme eines Bankvertrags oder nur eines gesetzlichen Schuldverhältnisses

第 3 章 Die Aufklärungs-, Warn- und Beratungspflichten der Banken in ...

als Haftungsgrundlagen. Das pro und contra dazu ist literarisch ausgetauscht[14] und hier nicht im einzelnen auszubreiten. Meines Erachtens sprechen die besseren Grtüde *für* die Annahme eines Bankvertrags, der die Geschäftsverbindung als gesetzliches Schuldverhältnis zwischen Bank und Kunden überlagert und vertraglich ausgestaltet.

Der Bankvertrag gibt die Grundlage bzw. den Rahmen für die zahlreichen, rechtlich ganz verschiedenen Bankgeschäfte im einzelnen ab. Insbesondere ermöglicht die Figur des Bankvertrags zwangloser als die des gesetzlichen Schuldverhältnisses die ganz entscheidende Annahme einer Interessenwahrungspflicht des Kreditinstituts etwa auch beim Effektenpropergeschäft, was mit dem Typ Kauf allein unvereinbar wäre. Auch ist sie mit der privatautonomen Ausgestaltung der Verhaltenspflichten durch die Parteien - etwa den Warn- und Beratungspflichten durch besondere Vereinbarung mit dem Effektenkunden - eher vereinbar, der sonst notwendige Übergang zwischen gesetzlicher und vertraglicher Verhaltenspflicht im gleichen Vertragsverhältnis erscheint mir künstlich.

Allgemeiner erleben wir heute eine Renaissance des Rahmenvertrags im Handels- und Wirtschaftsrecht, wo im nationalen und internationalen Bereich die auf längere Dauer angelegten Vertragsbeziehungen und die Festlegung bestimmter Grundsätze und Verhaltenspflichten gleich zu Anfang für die künftigen Geschäfte immer wichtiger werden[15]. Beispiele finden sich bei Verträgen mit Vertragshändlern, mit nicht nur einmalig eingeschalteten Geschäfts-, Transport- und Finanzmittlern, unter Konsorten und - wie erst neuerdings zutreffend angenommen wird - vielfach auch zwischen dem Unternehmen und seinen Zulieferen[16].

Grundlage der Aufklärungs-, Warn- und Beratungspflichten des Kreditinstituts ist also der Bankvertrag. Diese Pflichten sind Ausprägung der allgemeinen Interessenwahrungspflicht des Kreditinstituts. Sie sind nur im Kern gesetzliche, durch den Bankvertrag näher ausgestaltete oder ausgestaltbare Berufspflichten im Vertrauensverhältnis zwischen Kreditinstitut und Kunden.

4. Zur Berufshaftung und zur Verlagerung des Problemschwerpunkts auf die Begründung und Reichweite der Verhaltenspflichten

Dogmatisch werden Verhaltenspflichten im Verkehr heute vielfach als Berufshaftung[17] verstanden. Das gilt, soweit Rat und Auskunft beruflich erteilt werden, auch für das Kreditgewerbe. Kriterium ist dabei das selbständige berufliche Auftreten am Markt (also in der betreffenden Berufsrolle, was schon das

Reichsgericht für den privaten Rat eines Bankangestellter entschieden hat)[18]. Dogmatisch braucht Berufshaftung - unter den besonderen Gegebenheiten des deutschen Rechts - kein Gegensatz zur culpa in contrahendo zu sein, sondern kann als Konkretisierung des gesetzlichen Schuldverhältnisses verstanden werden. Die Annahme einer solchen Berufshaftung erleichtert unter anderem die sachgerechte Einbeziehung der geschädigten Dritten - Kriterium dafür ist die berufliche Gewährübernahme - in den Schutzbereich der Aufklärungs-, Auskunfts- und Beratungspflichten statt fiktiver Auskunftsverträge, Vertrag mit Schutzwirkung zugunsten Dritter oder Drittschadensliquidation. Die Rechtsvergleichung lehrt allerdings, daß in manchen anderen Rechtsordnungen die Berufshaftung durchaus als eigene gesetzliche Haftungsgrundlage gilt, die teils eher vertraglich, teils dezidiert deliktisch begriffen wird. Für die hier zu behandelnden Aufklärungspflichten der Kreditinstitute tritt die Bedeutung der Berufshaftung als *Haftungsgrundlage* aber gegenüber dem Bankvertrag zurück.

So unentbehrlich die Klärung der Haftungsgrundlage ist, so deutlich ist es jedoch, daß die Haftungsgründe heute zugunsten der Haftungsstandards an Bedeutung verloren haben. Mit der Figur des Bankvertrags und noch allgemeiner derjenigen eines gesetzlichen Schuldverhältnisses ist eine Haftungsgrundlage im Bankenbereich nahezu immer zur Hand. Selbst im IPR und bei der Verjährung - zwei Bereichen, für die früher die Haftungsgrundlage und ihre Zuordnung zum vertraglichen bzw. quasivertraglichen oder zum deliktischen Bereich ausschlaggebend war - rückt man heute von Deduktionen aus einer solchen Zuordnung ab. So wird z. B. die einheitliche 30-jährige Verjährung der Ansprüche aus culpa in contrahendo bestritten. Richtiger ist es, für alle Schutzpflichtverletzungen eine nur dreijährige Verjährung entsprechend § 852 BGB anzunehmen[19].

Inhalt und Umfang der Haftung bestimmen sich somit heute weitgehend unabhängig davon, welche Haftungsgrundlage gewählt wird. Kernstück des Haftungstatbestands im Zusammenhang mit geschuldeter Aufklärung wird damit die Verhaltenspflicht[20]. Der maßgebliche Grund für die Annahme und Reichweite dieser Verhaltenspflicht ist die besondere berufliche Sachkunde. Das Kreditinstitut ist kraft seiner Berufsrolle ganz anders aufklärungspflichtig als irgendein privater Vertragspartner. Umgekehrt muß dann aber die selbstgewählte berufliche Rolle etwa der Bank als bloße Kreditgeberin auch rechtlich beachtet werden mit der Folge, daß das Kreditinstitut, das sich auf diese Rolle beschränkt, nicht mit darüber hinausgehenden Aufklärungs- und Verhaltenspflichten überzogen werden kann. Die besondere berufliche Sachkunde bestimmt also beides: sie gibt manchmal überhaupt erst den Grund für die

第 3 章 Die Aufklärungs-, Warn- und Beratungspflichten der Banken in ... 77

Aufklärungspflicht ab und sie bestimmt maßgeblich die Grenzen der Aufklärungspflichten.

5. Zur Prospekthaftung als Beispiel für marktbezogene Informationspflichten

Die Prospekthaftung ist ein eigenes Rechtsinstitut. Sie ist teils spezialgesetzlich geregelt, zuletzt im VerkaufsprospektG. Teils ist sie allgemein-zivilrechtlich begründet und im Wege der Rechtsfortbildung im wesentlichen durch den II. Zivilsenat des Bundesgerichtshofes etabliert worden. Daß auch bei der Ausgabe von Prospekten und der Mitwirkung von Kreditinstituten daran die Grundsätze für Aufklärungspflichtverletzung einschlägig sind, hat zuletzt wieder der XI. Zivilsenat in zwei Urteil vom 31. 3. 1992 zu einem von der in Anspruch genommenen Bank finanzierten Erwerbermodell und vom 16. 6. 1992 zur Haftung einer im Prospekt eines Bauherrnmodells als Referenz benannten Bank einleuchtend dargetan[21]. Als Haftungsgrundlage wird von den einen die culpa in contrahendo, diese wiederum eingebettet in die Vertrauenshaftung[22], angesehen, während andere sie berufs- und kapitalmarktrechtlich einordnen[23], was Konsequenzen für Voraussetzungen und Reichweite dieser Haftung hat. Aber auch als culpa in contrahendo verstanden, ist die Prospekthaftung ein Beispiel für den Marktbezug von Informationspflichten.

An den Prospekthaftungsfällen zeigt sich nämlich, daß bei Aufklärungspflichten die Sicht nur auf die beiden Partner des Vertrags bzw. Quasivertrags zu eng sein kann. Gewiß konkretisiert sich spätestens mit Eintritt des Schadens bei dem Opfer eines unrichtigen Prospekts der Anspruchsberechtigte der culpa in contrahendo. Aber der Kreis der Prospekthaftpflichtigen ebenso wie der Umfang der geschuldeten Aufklärung - nämlich bezogen nicht auf individuelle Adressaten, sondern auf einen typisierten Adressatenkreis[24] - bestimmt sich gerade nicht aus dieser Individualbeziehung heraus, sondern am Markt und an den dort allgemein zu schützenden Erwartungen des durchschnittlichen Anlegers. So ist dann auch die Unterscheidung der Rechtsprechung zwischen konkretem und abstraktem (Prospekt-) Vertrauen[25] oder, wie es neuerdings heißt, zwischen Prospekthaftung im engeren und weiteren Sinn gegen Kritik der Literatur im Ergebnis zu halten[26].

II. Kriterien für die Bestimmung von Aufklärungspflichten

Inhalt und Reichweite der Aufklärungs- und Verhaltenspflichten der Kreditinstitute sind ihrer Natur nach nicht abschließend festgelegt. Sie hängen von dem jeweiligen Bankgeschäft und den Umständen ab und werden von der Rechtsprechung am Fall weiterentwickelt. Das würde dafür sprechen, einfach eine Bestandsaufnahme der Aufklärungspflichten exemplifiziert an den verschiedenen Bankgeschäften zu bieten. Indessen erscheint es möglich, allgemeiner Kriterien für die Bestimmung von Aufklärungspflichten zu geben. Das kann hier ganz kurz geschehen, weil dies an anderer Stelle ausführlich dargelegt worden ist[27].

1. Aufklärungsbedürftigkeit

Im Geschäftsverkehr muß sich grundsätzlich jeder selbst vergewissern, ob ein Vertrag für ihn von Vorteil ist. Das ist die Selbstverantwortlichkeit des privatautonomen Bürgers. Keine Aufklärungspflicht (zu unterscheiden von positiver Falschinformation) hat das Kreditinstitut also z. B. über solche Umstände, zu denen die Bankkunden selbst über die notwendigen Kenntnisse und Erfahrungen verfügen oder in einer Marktwirtschaft verfügen müssen wie über den angemessenen Preis[28] oder die Einschätzung einer reklamehaften Anpreisung[29]. Dieses letztere - also die Aufklärungsbedürftigkeit des Bank-kunden - ist das zentrale Kriterium für die Bestimmung der Aufklärungspflicht.

Aufklärungsbedürftigkeit (andere sprechen von Informationsbedarf)[30] ist dabei ein relationales Kriterium. Vorausgesetzt wird nämlich ein - typischerweise auf beruflicher Sachkunde beruhendes - Informationsgefälle zwischen dem Aufklärungspflichtigen und dem Aufzuklärenden. Eine Aufklärungsbedürftigkeit in abstrakt anzunehmen, etwa unter zwei Laien, die beide von der Sache nichts verstehen, hätte rechtlich keinen Sinn. Eher irreführend ist es auch, bei der Aufklärungsbedürftigkeit bzw. dem Informationsbedarf weiter zu unterscheiden zwischen der objektiven Relevanz der Information für den konkreten Vertragszweck und der subjektiven Aufklärungsbedürftigkeit. Denn wie oben beispielhaft bei der Prospekthaftung gesehen, ist je nach dem rechtlichen Adressatenkreis der Information eine individuelle subjektive Aufklärungsbedürftigkeit gerade nicht erforderlich.

Umfang und Reichweite der Aufklärungspflichten der Kreditinstitute hängen also davon ab, ob und inwieweit der Bankkunde auf die Aufklärung, Warnung oder Beratung des kraft seiner beruflichen Sachkunde zur Beurteilung besser befähigten Kreditinstituts angewiesen ist. Der Bundesgerichtshof hat dazu die treffende Formulierung von der Ausnutzung des eigenen (ich ergänze : beruflichen) Wissens- und Erfahrungsvorsprungs auf Kosten unerfahrener, auf Fairness angewiesener anderer geprägt[31]. Dieser Wissens- und Erfahrungsvorsprung kann sozial bedingt sein, z. B. - so ein frühes Urteil des OLG München[32] -

第 3 章　Die Aufklärungs-, Warn- und Beratungspflichten der Banken in ...　79

bei der einfachen Frau vom Lande mit geringer Bildung und bescheidenen Kenntnissen. Ein solcher Vorsprung kann aber ohne weiteres auch gegenüber einem eben nur in einer anderen Branche versierten Vollkaufmann bestehen[33].

2. Absprache

Das Kriterium der Absprache trägt dem Umstand Rechnung, daß es der Bankkunde in der Hand hat, seine Aufklärungsbedürftigkeit dem Kreditinstitut besonders nahezubringen. Das geschieht am besten durch konkrete Fragen und besonders erbetene Beratung[34]. Offenbar ist das bei Abschluß eines echten Beratungsvertrags z. B. eines Vermögensberatungs- oder sogar Vermögensverwaltungsvertrags. Aber auch ohne einen solchen Beratungsvertrag ergeben sich Unterschiede in der Intensität der vom Kreditinstitut geschuldeten Aufklärung z. B. zwischen Effektenkauf und Depotgeschäft. Beim normalen Depotvertrag kann der Kunde nicht ohne weiteres Aufklärung darüber erwarten, daß bestimmte im Depot liegende Papiere einem Kursverfall ausgesetzt sind, die eine Umschichtung nahelegen würden.

Umgekehrt kann das Kreditinstitut durch Hinweis auf besondere Sachkunde, Erfahrungen oder Informationen seine Aufklärungspflicht steigern (Anhänger der Vertrauenshaftung würden hier von Inanspruchnahme von persönlichem Vertrauen sprechen) oder auch umgekehrt durch klage Beschränkung auf ihre Rolle etwa als Kreditgeberin[35] oder durch Kenntlichmachung, daß nur ein fremdes Finanzprodukt wie eine Lebensversicherung vertrieben wird, darüber hinausgehende Aufklärungspflichten erst gar nicht entstehen lassen. Dieses letztere ist ein Ergebnis, das sich allein aus dem Kriterium der Aufklärungsbedürftigkeit kaum ableiten ließe.

Das Kriterium der Absprache umfaßt also die rechtsgeschäftliche Absprache ebenso wie die tatsächliche Nachfrage und Artikulation der Aufklärungsbedürftigkeit im Kontext des geplanten oder getätigten Bankgeschäfts. Zur Klarstellung sei hinzugefügt, daß das Kriterium der Absprache es dem Kreditinstitut nicht ermöglicht, sich vertraglich oder tatsächlich seiner Berufsrolle und der damit verbundenen Interessenwahrungspflicht gegenüber dem Kunden zu entziehen. Auch wenn das Kreditinstitut ein Effektengeschäft als Propergeschäft durchführt, bleibt es als Kreditinstitut - nach der hier vertretenen Ansicht auf der Grundlage des Bankvertrags - Interessenwahrer des Kunden und dementsprechend aufklärungspflichtig[36].

3. Intensität der gegenseitigen Beziehungen

Die Aufklärungspflicht des beruflichen Sachkenners reicht je nach Intensität der gegenseitigen Beziehungen unterschiedlich weit. Danach kann ein Kunde bei einer auf Dauer angelegten Beziehung grundsätzlich mehr an Beratung und Betreuung erwarten als bei einem einmaligen Kontakt, dies schon allein deshalb, weil das Kreditinstitut hier Gelegenheit hat, den Kunden und seine besonderen Bedürfnisse näher kennenzulernen (so zuerst die amerikanische suitability doctrine, die heute der Sache nach auch hierzulande gilt) und dann auch von sich aus in dessen Interesse Initiative zu entfalten. Nicht gemeint ist damit, daß das Kreditinstitut etwa eine wichtige Anlageinformation dem Dauerkunden weitergeben, dem Einmalkunden dagegen vorenthalten darf. Auch die Beziehungen zu Dauerkunden können unterschiedlich intensiv ausgestaltet sein, etwa bei einer Vermögensberatung und -verwaltung oder bei einem gesellschafterlichen oder gesellschaftsähnlichen Verhältnis etwa einem joint venture. Daß ein Unternehmerkunde allein deswegen von dem Kreditinstitut rechtlich mehr erwarten kann, weil es seine Hausbank ist, wird man hingegen eher verneinen[37].

4. Schutzverzicht

Die beiden letzten Kriterien spielen eine mehr untergeordnete, korrigierende Rolle. Beispiele für Schutzverzicht sind etwa folgende Fälle : Der Käufer eines Aktienpakets tritt selbst als Aktionär und Branchenkenner auf[38], er gibt fälschlich vor, bestimmte Sachkenntnisse oder Informationen bereits zu besitzen, oder er entscheidet sich eigenverantwortlich für eine aggressive Anlagenpolitik für sein von dem Kreditinstitut zu verwaltendes Wertpapierdepot. Es ist dann nicht Sache der Bank, nachzufragen oder zu versuchen, ihn von seinem riskanten Verhalten abzubringen. Im amerikanischen Kapitalmarktrecht spricht man hier plastisch von dem "sacred right of everybody to make a fool of oneself". Dazu gehört es auch, wenn ein Bankkunde glaubt, auf eine sorgfältige und eingehende Lektüre des ihm angebotenen Informationsmaterials verzichten zu können[39]. Daß Schutzverzicht nichts mit Freizeichnung zu tun hat, braucht nicht eigens betont zu werden.

5. Betriebliche und finanzielle Tragbarkeit

Dieses letzte Kriterium der betrieblichen und finanziellen Tragbarkeit wird rechtlich nur selten angesprochen, findet sich aber bei genauerer Lektüre der Sachverhalte und zwischen den Zeilen der Urteile. Es geht dabei eingrenzend darum, daß den Kreditinstituten keine Aufklärungs- und andere Verhaltenspflichten zugemutet werden können, die betrieblich oder finanziell nicht darstellbar sind[40]. Das ist wichtig etwa bei den Nachforschungs- und Erkundigungspflichten. So hat der Bundesgerichtshof in seinem bekannten Börsendiensturteil

第 3 章　Die Aufklärungs-, Warn- und Beratungspflichten der Banken in ... 81

zu Recht bemerkt, daß der Börsendienst, der eine bestimmte Aktie als Anlage empfehlen will, dies zwar nicht ohne professionelle Grundlage und Erkundigungen tun darf, aber dabei eben keinen unzumutbaren Zeit- und Kostenaufwand betreiben muß[41].

III. Verhaltenspflichten und sonstige Tatbestandsmerkmale

1. Wahrheits-, Berichtigungs-, Erkundigungs- und Organisationspflichten in der Rechtsprechung[42]

a) Ausgangspunkt aller einschlägigen Verhaltenspflichten ist die *Wahrheitspflicht*. Es versteht sich von selbst, daß die Aufklärung, Warnung oder Beratung zutreffend sein muß. Sonst liegt gerade umgekehrt Irreführung vor[43].

Halbwahrheiten sind bekanntlich gefährlicher als ganze Lügen. Die Rechtsprechung hat deshalb aus der Wahrheitspflicht eine *Vollständigkeitspflicht* herausentwickelt. Alle entscheidungserheblichen Umstände müssen dem Aufzuklärenden mitgeteilt werden, damit dieser sich selbstverantwortlich für oder gegen das Geschäft entscheiden kann. So muß der Aufklärungspflichtige z. B. erwähnen : Bilanzverluste[44] ; eine ständig zunehmende, den Anfragezweck gefährdende Kreditüberziehung[45] ; erhebliche dingliche Belastungen, falls Grundbesitz erwähnt wird[46] ; Zweifel an Seriosität des vermittelten Optionspartners[47] ; Unterlassen mindestens einer Plausibilitätsprüfung der Unterlagen über in das Beratungsprogramm der Bank aufgenommene Anlagen[48] ; Bestehen von relevanten Informationslücken[49], für die Richtigkeit und Vollständigkeit kommt es nicht nur auf die (im Prospekt wiedergegebenen) Einzeltatsachen sondern auch auf das erweckte Gesamtbild an[50].

Auch die wahre und vollständige Aufklärung nützt dem unerfahrenen Kunden nichts, wenn sie nicht so erteilt wird, daß sie ihm auch klar und verständlich ist. Auch dies ist in der Rechtsprechung anerkannt. Beispiele für diese *Klarheitspflicht* geben die zahlreichen Urteile zur Offenlegung ungewöhnlich hoher Aufschläge auf Warenterminoptionsprämie[51]. Bemerkenswert ist die neu aufgestellte Anforderung der Rechtsprechung, daß angesichts der besonderen Komplexität der Umstände diese Aufklärung jedenfalls in den vorgenannten Fällen grundsätzlich schriftlich erfolgen muß[52].

b) Die Wahrheitspflicht wird ergänzt durch die *Berichtigungspflicht*. Es ist heute anerkannt, daß der Aufklärungspflichtige, der unrichtige Angaben gemacht hat, zur Berichtigung dieser Angaben verpflichtet ist. Diese Pflicht besteht unabhängig davon, ob er schuldhaft oder schuldlos gehandelt hat. In engen Grenzen (insbesondere bei grober bzw die Aussage im Kern berührender Unrichtigkeit, bei drohendem schweren Schaden und bei Leichtigkeit der Warnung) kann nach der Rechtsprechung auch die Pflicht zur Berichtigung ursprünglich richtiger, erst später unrichtig gewordener Mitteilungen bestehen[53].

c) Der Aufklärungspflichtige muß sich vor Erteilung der Auskunft gegebenenfalls selbst erst erkundigen. Diese *Erkundigungspflicht*[54] ist aber die Ausnahme. Es gibt keine allgemeine Pflicht, sich einen Wissensvorsprung durch Erkundigung erst zu schaffen und dann den Kunden durch Aufklärung daran teilhaftig werden zu lassen[55]. Das entlastet aber die Bank nicht davon, ihre eigenen Unterlagen gezielt auszuwerten.

Auf der anderen Seite ist die *Übernahme* von geprüften Bilanzaussagen und Testaten in der Regel ohne weiteres möglich. Grenzen bestehen insoweit, als jedenfalls eine eigene Plausibilitätsprüfung verlangt wird[56], oder wenn berechtigte Zweifel naheliegen, so schon bei Ausnutzung aller gerade noch legalen Möglichkeiten der Bilanzkosmetik[57].

d) Erwähnenswert sind schließlich noch die sogenannten *Organisationspflichten*. Das aufklärungspflichtige Unternehmen oder Kreditinstitut ist verpflichtet, seinen Betrieb so zu organisieren, daß eine den rechtlichen Anforderungen entsprechende Aufklärung gewährleistet ist[58].

2. Verschulden, Mitverschulden, Beweislast, Freizeichnung, Verjährung

a) Zum *Verschulden* gelten die allgemeinen Regeln. Einfache Fahrlässigkeit ist notwendig, aber auch genügend[59].

b) *Mitverschulden* des Aufzuklärenden mindert grundsätzlich dessen Anspruch nach § 254 BGB. Das gilt aber nicht, wenn eigene Fahrlässigkeit des Aufzuklärenden mit einer vorsätzlich unrichtigen Kreditauskunft trifft[60], und regelmäßig auch nicht, wenn der Empfänger ohne eigene Nachprüfung dem Rat vertraut[61].

c) Die *Beweislast* richtet sich nach den jweiligen Organisations oder Gefahrenbereichen[62]. Der Berater muß beweisen, daß ihn und seine Erfüllungsgehilfen kein Verschulden trifft (§ 282 BGB)[63], und auch daß ein Schaden trotz pflichtgemäßer Aufklärung eingetreten wäre[64].

第 3 章 Die Aufklärungs-, Warn- und Beratungspflichten der Banken in ... 83

d) Für die *Freizeichnung* gilt wie allgemein die Grenze der groben Fahrlässigkeit (AGBG § 11 Nr 7). Nur ausnahmsweise, z.B. bei vertragswesentlichen Pflichten, gibt es auch keine Freizeichnung für leichte Fahrlässigkeit. Selbstverständlich wird eine Freizeichnung für zugesicherte Eigenschaften (z.B. bestimmter Mindestgewinn, Abschreibungsmöglichkeit) nicht anerkannt. Freizeichnung ist im gleichen Umfang auch bei Haftung aus culpa in contrahendo möglich. In der Literatur finden sich aber auch Stimmen, die sich allgemein gegen Freizeichnung auch für leichte Fahrlässigkeit bei unrichtigem Rat aussprechen[65].

e) Die *Verjährung* richtet sich nach allgemeinen Grundsätzen. Ansprüche aus culpa in contrahendo verjähren nach der Rechtsprechung allgemein erst in 30 Jahren[66]. Das wird in der Literatur zunehmend bestritten, da eine kurze Verjährung (analog § 852 BGB nur drei Jahre) für alle Schutzpflichtverletzungen sachgerechter ist[67].

Die Regelverjährung gilt auch für Prospekthaftungsansprüche gegen Personen, die unter Inanspruchnahme persönlichen Vertrauens oder aus eigenen wirtschaftlichen Interessen verhandelt haben[68]. Gegenüber anderen Garanten, die dem Geschädigten erst nach Vertragsschluß bekannt geworden sind, gilt Verjährung von sechs Monaten ab Kenntnis von der Unrichtigkeit des Prospekts, höchstens aber von 3 Jahren seit Beitritt zur Ges (analog § 20 V KAGG, § 12 V AuslInvestmG)[69].

3. Interessenkonflikte

Interessenkonflikte sind für Kreditinstitute und in besonderem Maße Universalbankinstitute geradezu berufstypisch. Sie wirken sich in mehrfacher Hinsicht auch auf ihre Aufklärungspflichten aus.

a) Abzuschichten sind zunächst all die Situationen, in denen das Interesse des Kreditinstituts und das des Bankkunden kollidieren. Dazu ist trotz jüngster Einwände aus der Schweiz an dem hierzulande und auch international etablierten *Grundsatz der Priorität des Kundeninteresses* festzuhalten[70]. Dieser Grundsatz folgt aus dem Interessenwahrungscharakter der Beziehung zwischen Bank und Kunden. Nach der hier vertretenen Auffassung ist dies vertraglich in dem die gesamte Beziehung bestimmenden Bankvertrag geregelt und gilt dann grundsätzlich auch für solche Bankgeschäfte, denen eine derartige Interessenwahrung allgemeinzivilrechtlich fremd, wenn nicht geradezu konträr ist wie beim Effektenpropergeschäft. Wer stattdessen nur mit einem gesetzlichen Schuldverhältnis arbeitet, hat es schwerer, den Interessenwahrungscharakter zu begründen. Er kann dieses Schuldverhältnis dann nämlich nicht in contrahendo bezogen auf das abzuschließende Einzel-, also hier das Propergeschäft annehmen, sondern muß es unabhängig davon als ein Schuldverhältnis gerade zwischen einem Kreditinstitut und einem Bankkunden konzipieren. Eben das tut und begründet die Theorie der Berufshaftung. Zur Vermeidung von Mißverständnissen sei - methodisch unstreitig - klargestellt, daß aus dem Grundsatz der Priorität des Kundeninteresses die Einzelabgrenzung der Aufklärungs- und Verhaltenspflichten nicht einfach deduzierbar ist. So ist z. B. die rechtliche Beurteilung des "Vorlaufen" von Anlageberatern - also Privatkäufe des Anlageberaters vor Erteilung von (auch objektiv guten) Kauftips und Verkäufe unmittelbar nach Kursanstieg - international noch nicht einheitlich. Meines Erachtens ist Vorlaufen unzulässig und neuerdings wohl auch mit der EG-Insiderrechts-Richtlinie nicht vereinbar[71].

b) Aus dem Grundsatz der Priorität des Kundeninteresses läßt sich folgern, daß das Kreditinstitut den Kunden *über wesentliche Interessenkonflikte aufklären* muß. Das hat der Bundesgerichtshof tatsächlich in einer ganzen Reihe von Fallgruppen entschieden und kann heute als allgemeiner Grundsatz festgehalten werden. Hinzuweisen ist dazu etwa auf die Rechtsprechung zur Prospekthaftung, wonach wesentliche kapitalmäßige und personelle Verflechtungen zwischen den verschiedenen Projektpartnern, z.B. KomplementärGmbH, Generalunternehmer, Hauptmieter und vor allem Treuhänder und ihren jeweiligen Geschäftsführern und beherrschenden Gesellschaftern, offenzulegen sind[72]. Im Kredit- und Finanzierungsgeschäft ist das Kreditinstitut, das sich auf seine Kreditgeberrolle beschränkt, grundsätzlich nicht aufklärungspflichtig, aber der Bundesgerichtshof macht davon zu Recht zwei Ausnahmen, wenn das Kreditinstitut im Hinblick auf besondere Risiken einen Wissensvorsprung vor dem Kunden hat oder wenn es sich in einem schwerwiegenden Interessenkonflikt befindet[73]. Für Wirtschaftsprüfer und Steuerberater ist in der Rechtsprechung anerkannt, daß sie die Annahme von Provisionen offenlegen müssen[74], auch bei nur mittelbarer Begünstigung wie bei Zahlung an eine Gesellschaft, an der der Steuerberater maßgeblich beteiligt ist[75].

Was aus dem letzteren speziell für Kreditinstitute folgt, ist noch nicht ausdiskutiert, etwa für Emissionsbonifikationen[76] und für Plazierungsprovisionen. Das Bestehen irgendeines wirtschaftlichen Eigeninteresses des Kreditinstituts kann aber - wie schon eingangs mit Medicus festgehalten - nicht ausreichen. Ein neues Urteil des XI. Zivilsenats besagt dazu, daß eine Sparkasse, die hohe, mit der

第3章 Die Aufklärungs-, Warn- und Beratungspflichten der Banken in ... 85

Darlehensvaluta abzulösende Grundpfandrechte hat, nicht schon deswegen aufklärungspflichtig ist, weil sie ein gewisses Mitspracherecht ausgeübt hat und bestrebt war, über die Veräußerung des belasteten Hausgrundstücks die Befriedigung ihrer eigenen Ansprüche zu erlangen[77].

c) Interessenkollision oder, pointierter, *mehrfache Verantwortlichkeit entlastet nicht*[78]. Das hat der BGH in seinem Schaffgotsch-Urteil für einen Fall entschieden, in dem ein Bankier eine Aktiengesellschaft, deren Aufsichtsratsvorsitzender er war, zur Stützung seiner Bank-OHG veranlaßt hatte. Als die Bank trotzdem zusammenbrach, wurde er von der AG auf Schadensersatz in Anspruch genommen. Die Pflichterfüllung gegenüber der einen Gesellschaft - so lapidar und zutreffend das Gericht - vermag grundsätzlich nicht die Pflichtverletzung gegenüber der anderen Gesellschaft zu rechtfertigen. Notfalls muß eben das den Interessenkonflikt begründende Amt aufgegeben bzw. das entsprechende Geschäft abgelehnt werden.

4. Wissenszurechnung und chinesische Mauern

Das wichtige, inzwischen auch vom Bundesgerichtshof[79] aufgegriffene Problem der Wissenszurechnung innerhalb eines Unternehmens stellt sich umfassender als nur zur Aufklärung. Hier fragt sich z. B., ob das Wissen einer Bankfiliale in Norddeutschland um Kreditunwürdigkeit der Bank insgesamt zuzurechnen ist, wenn eine Filiale in Süddeutschland Auskunft erteilt oder aufklären müßte. Lösungen nur unter dem Aspekt der Aufklärungspflicht wären inkonsistent. Nur soviel sei hier gesagt : Das Wissen von Mitarbeitern ist zwar grundsätzlich der juristischen Person bzw. dem Unternehmerode. dem Kreditinstitut zuzurechnen. Es findet also eine Wissenszusammenrechnung entsprechend §§ 166, 278 BGB statt[80]. Das gilt aber nur mit mehreren Einschränkungen.

Vor allem wird, wie von Lutter und anderen schon vor Jahren behandelt, Wissen von Bankvertretern in Aufsichtsräten oder in Organen anderer Unternehmen nicht zugerechnet (§§ 93 I 2, 116 AktG u. a.)[81].

Zum anderen beginnen heute auch die deutsche und schweizerische Bankpraxis die US-amerikanischen und, neueren Datums, auch britischen Erfahrungen mit chinese walls zu nutzen. Dabei geht es darum, den ungehinderten Informationsfluß zwischen verschiedenen interessenkonfliktträchtigen Geschäftsbereichen desselben Kreditinstituts zu verhindern. Die Bedeutung solcher chinesischer Mauern ist zwar nach deutschem Recht noch ungeklärt. Aber sie können doch unter bestimmten Voraussetzungen die schlichte

Wissenszurechnung verhindern und eine Rechtfertigung für Nichtoffenlegung etwa von Insiderinformationen abgeben[82].

Schließlich stellt sich die allgemeinere Frage, ob die rechtliche Vorstellung der juristischen Person wirklich auch die Grenzen der zurechenbaren Information absteckt und es gar ein Gebot der Gerechtigtkeit ist, das arbeitsteilige Unternehmen nicht gegenüber dem Alleinunternehmer zu privilegieren[83], oder ob nicht umgekehrt auch hier die moderne Spezialisierung anzuerkennen ist und weniger rigide, der Realität der Großunternehmen, ihrer internen Arbeitsteilung, Divisionalisierung und Spartentrennung näher kommende Konzepte vorzugswürdig sind[84].

5. Die Rechtsfolgen

Hier geht es vor allem um Schadensersatz wegen der mangelnden oder mangelhaften (unrichtigen bzw. unvollkommenen) Aufklärung. Ersetzt wird der durch den unrichtigen Rat kausal herbeigeführte Schaden, das ist grundsätzlich nur das *Vertrauensinteresse*[85]. Zwar ist es richtig, daß ganz ausnahmsweise das positive Interesse geschuldet wird, doch setzt das besondere Umstände, z. B. ein garantieähnliches Versprechen voraus. Dem ist hier nicht weiter nachzugehen.

Dieser Schadensersatz kann aber nach der Rechtsprechung namentlich zum Verbraucherkredit über § 249 BGB auch zur *Lösung vom Vertrag* führen. Auf die Kritik, die demgegenüber mit dem Einwendungsdurchgriff arbeiten will, ist bereits oben hingewiesen worden. Richtig an ihr ist, daß dieser Einwendungsdurchgriff, der sich, wie zuerst Canaris gezeigt hat[86], zunehmend zu einem allgemeineren Instrument im Privatrecht entwickelt, aufklärungsunabhängig ist. Das heißt : auf das Bestehen und die Verletzung einer Aufklärungspflicht des Kreditinstituts kommt es dann gar nicht mehr an, noch können umgekehrt Aufklärung und Warnung den Einwendungsdurchgriff beseitigen[87]. Auf der anderen Seite behält der Weg der Rechtsprechung seine Funktion z. B. in Fällen, in denen das Kreditinstitut sich auf einen an sich zulässigen Einwendungsausschluß (Subsidiarität, Verlust infolge Empfangsbestätigung u. a.) nicht berufen kann, vorausgesetzt der Kunde hätte bei entsprechender Aufklärung das Geschäft nicht abgeschlossen. Ob man im übrigen soweit der Einwendungsdurchgriff zu den gleichen Ergebnissen führt wie die Aufklärungspflicht über § 249 BGB, Spezialität des ersteren annehmen sollte, mag dahinstehen. Interessanter und wichtiger erscheinen Überlegungen zur teleologischen Eingrenzung der Rechtsfolge des Schadensersatzes etwa in Anwendung von Schutzbereichsgedanken, wie das in einem weiterführenden (allerdings doch wohl nur Sonderfälle betreffenden)[88] Urteil des XI. Zivilsenats vom 3. 12. 1991

第 3 章　Die Aufklärungs-, Warn- und Beratungspflichten der Banken in ... 87

geschieht[89]).

Die echten Auskunfts- und Beratungspflichten sind selbständige, *einklagbare* Nebenpflichten, wenn sie nicht sogar ausnahmsweise eine Hauptpflicht des Vertrags sind wie bei den echten Beratungsverträgen im Effekten- und Vermögensanlagegeschäft. Das leuchtet angesichts des Interesses des Bankkunden gerade an der Erteilung der Auskunft und Beratung ohne weiteres ein. Aufklärungs- und Warnpflichten sind grundsätzlich unselbständige Nebenpflichten, die ohne Eigenzweck nur die Hauptpflicht sichern und deshalb nicht einklagbar sind. Nach moderner Ansicht gilt das aber nur, wenn nicht ausnahmsweise doch ein schutzwürdiges Interesse an der klagweisen Durchsetzung der Pflicht besteht[90]). Das ist für den Produkthaftungsbereich vorstellbar, wenn mögliche Produktgefahren das Integritätsinteresse tangieren[91]), kann aber auch im Bankwesen etwa für Fälle wichtig werden, in denen nach der Rechtsprechung bestehende Interessenkonflikte offenzulegen sind.

Weitere Rechtsfolgen sind - je nach Geschäft, Dauerschuldcharakter und Relevanz der Pflichtverletzung - Rücktritt oder Kündigung, etwa Auflösung der einzelnen Geschäftsverbindung oder der gesamten Bankverbindung. Hinzu kommen öffentlich-, insbesondere bankaufsichtsrechtliche Sanktionen.

IV. Exemplifizierung an verschiedenen Bankgeschäften

1. Einlagengeschäft

Beim Einlagengeschäft, insbesondere bei Spareinlagen, muß die Bank den Kunden auch auf rechtliche Tatsachen aufmerksam machen, z. B. auf die Tatsache des Zinsverlustes bei vorzeitiger Kündigung[92]) oder auf die Prämienschädlichkeit von Verfügungen[93]). Sie muß den Kunden auch über die Gefahr eines Gemeinschaftskontos als Oder-Konto aufklären.

2. Girogeschäft und Zahlungsverkehr

Beim Girogeschäft ist die Bank angesichts der Massenhaftigkeit der Überweisungsvorgänge nicht über die korrekte Abwicklung des Verfahrens hinaus zur Fürsorge für die Teilnehmer verpflichtet ; auch nicht, wenn sie weiß, daß das Guthaben wirtschaftlich einem Dritten zusteht. Doch kann ausnahmsweise eine Warnpflicht der Bank gegenüber dem Überweisenden bestehen, wenn sie Kenntnis von der Zahlungseinstellung oder dem unmittelbar bevorstehenden Zusammenbruch des Begünstigten hat[94]). Die Bank muß den uninformierten Kunden auch auf (devisen-) rechtliche Bedenken gegen einen Überweisungsauftrag hinweisen[95]). Diese Grundsätze gelten entsprechend für das Lastschriftverfahren, bei dem es sich der Sache nach um eine "umgekehrte" Überweisung handelt. Im Scheckgeschäft gelten dagegen andere Grundsätze, da Schecks in gewisser Weise ein bargeldähnliches Zahlungsmittel darstellen (vgl. Art. 32 I ScheckG).

3. Kreditgeschäft und Verbraucherkreditgeschäft

Beim Kreditgeschäft ist die Bank grundsätzlich nicht zum Hinweis auf die Gefährlichkeit der Kreditaufnahme (zu hohe eigene Verschuldung des Kunden) oder der Kredithingabe (Vermögensverhältnisse des Darlehensnehmers) oder andere Risiken verpflichtet[96]; Ausnahmen sind aber bei besonderem Aufklärungs- und Schutzbedürfnis denkbar[97].

Bei Projekt(beteiligungs)finanzierung kann sich Bank ohne weitergehende Aufklärungspflichten auf ihre Finanzierungsrolle beschränken, so insbesondere bei Bauherrn- und Erwerbermodellen. Das gilt aber nicht in besonderen Fällen. Dazu hat die Rechtsprechung vor allem drei Fallgruppen entwickelt, nämlich (1) Mitwirkung der Bank an der Prospektherausgabe oder am Vertrieb ; (2) Schaffung eines speziellen Gefährdungstatbestandes durch die Bank ; und (3) Bestehen eines konkretem Wissensvorsprungs der Bank z.B. über versteckte Mängel oder bereits erfolgte Überzeichnung[98].

Beim Verbraucherkreditgeschäft hat die Bank angesichts der besonderen Schutzbedürftigkeit des Kreditnehmers und ihrer Eigeninteressen besonders weitgehende Aufklärungspflichten, z.B. über die rechtliche Trennung von Kauf- und Darlehensvertrag.

4. Diskontgeschäft, Akkreditivgeschäft

Bei Hereinnahme von Kundenakzept zum Diskont hat die Bank in der Regel keine Informationspflicht betreffend die Bonität anderer Wechselbeteiligter[99]. Sicherheiten prüft die Bank nur im eigenen Interesse[100].

Auch beim Akkreditivgeschäft kann die Bank Warnpflichten haben, aber in der Regel nicht ungefragt betreffend die Zweckmäßigkeit der konkreten Akkreditivklausel. Beim Auftrag zur Auslieferung von Warendokumenten gegen Akzept besteht zwar regelmäßig keine Pflicht zur Prüfung der Kreditwürdigkeit des Empfängers, aber doch unter Umständen die Pflicht zum Hinweis auf schon bekannte wesentliche Bedenken, sogar wenn Empfänger Kunde der Bank ist[101].

5. Wertpapier und Börse (Emissionsgeschäft, Wertpapierhandel, Anlagegeschäft und Vermögensverwaltung)

Auch beim Emissionsgeschäft kann die Bank Pflichten zur Aufklärung,

第3章 Die Aufklärungs-, Warn- und Beratungspflichten der Banken in... 89

Warnung und Beratung haben[102]. Dabei geht es nicht um die bloße Bestimmung der Funktion der Bank, das ist viel zu abstrakt[103], sondern um die Bedürfnisse und die Möglichkeiten des konkreten Geschäfts mit jeweils unterschiedlichen Vertragspartnern.

Besonders ausgeprägt sind die Aufklärungs- und Beratungspflichten der Bank beim Wertpapierhandel und bei Börsentermingeschäften[104] und allgemein bei Anlagegeschäft und Vermögensverwaltung, vor allem gegenüber unerfahrenen Anlegern[105]. Dazu ist die Rechtsprechung heute kaum mehr übersehbar.

1) Zum historischen Befund ausführlich die Hannoveraner Habilitationsschrift von Jost, Vertragslose Auskunfts- und Beratungshaftung, Baden-Baden 1991, S. 13-40.
2) Vgl. die Kommentare zu § 676 BGB, § 242 BGB und § 347 HGB, unter letzteren z. B. Horn in Heymann, HGB, Berlin 1990, § 347 Rz. 45 ff.
3) Zusammenstellung der Rechtsprechung z. B. bei Baumbach-Duden-Hopt, HGB, 28. Aufl., München 1989, (7) Bankgeschäfte I 6 ; Canaris, Bankvertragsrecht, 3. Aufl., Berlin 1988, Rdn. 10 ff. ; von Heymann, Bankenhaftung bei Immobilienanlagen, 6. Aufl., Frankfurt (WM) 1992, S. 35 ff. ; Hopt, Aktuelle Rechtsfragen der Haftung für Anlage- und Vermögensberatung, 2. Aufl., Köln (RWS) 1985 ; Vortmann, Aufklärungs-, Beratungs- und sonstige Warnpflichten der Banken, Köln (RWS-Skript) 1991.
4) Canaris, Bankvertragsrecht, a. a. O., Rdn. 103 ; Rümker, Aufklärungs-, Warn- und Beratungspflichten der Kreditinstitute aus der Sicht der Praxis, in : Hadding, Hopt, Hrsg., Aufklärungspflichten der Kreditinstitute ; Kreditinstitute und "Schuldturm" - Bankrechtstag 1992 - (in Druck), Manuskript S. 2.
5) Canaris, Bankvertragsrecht, a. a. O., Rdn. 100 f. ; Baumbach-Duden-Hopt, a. a. O., § 347 Anm. 3 A.
6) So etwa Breidenbach, Die Voraussetzungen von Informationspflichten beim Vertragsschluß, München 1989.
7) Z. B. BGH WM 1990, 1990 (1991) ; darauf verweist auch BGH WM 1992, 133 (134).
8) Z. B. Hopt, AcP 183 (1983) 608 (617 ff.).
9) Medicus, Zur Eigenhaftung des GmbH-Geschäftsführers aus Verschulden bei Vertragsverhandlungen, Festschrift für Steindorff, Berlin 1990, S. 725 (727 ff.) ; demgegenüber Canaris, Täterschaft und Teilnahme bei culpa in contrahendo, Festschrift für Giger, Bern 1989, S. 91 (113 ff.), der aber ein dem typischen Eigeninteresse einer Vertragspartei gleichwertiges Interesse des Dritten verlangt.
10) Lang, WM-Sonderbeil 9/88, 18 : Anlageberatungsvertrag.
11) Philipowski, Die Geschäftsverbindung, Heidelberg 1963 ; Müller-Graff, Rechtliche Auswirkungen einer laufenden Gschäftsverbindung im amerikanischen und deutschen Recht, Karlsruhe 1974.
12) Vgl. zuletzt den Paukenschlag zur Eigenhaftung des einen "räuberischen Aktionär" vertretenden Rechtsanwalts aus § 826 BGB und aus Beihilfe, BGH WM 1992, 1184.
13) Vgl. BGH NJW 1987, 1758 und dazu Hopt, NJW 1987, 1745. Zutreffend auch Jost, Vertragslose Auskunfts- und Beratungshaftung, a. a. O., S. 76 ff.
14) Statt aller pro Hopt, Der Kapitalanlegerschutz im Recht der Banken, München 1975, S. 393 ff. ; contra Canaris, Bankvertragsrecht, a. a. O., Rdn. 2 ff.
15) Weber, Rahmenverträge als Mittel zur rechtlichen Ordnung langfristiger

Geschäftsbeziehungen, ZSR NF 106 (1987) 425.
16) Münchener Dissertation von Saxinger im Verfahren für 1993.
17) Köndgen, Selbstbindung ohne Vertrag, Tübingen 1981 ; Hopt, AcP 183 (1983) 608 ; zur Berufshaftung zuletzt, Jost, a. a. O., S. 237 ff. und Damm, JZ 1991, 373. Allgemeiner zur Abwägungsaufgabe des Richters bei der Berufshaftung Odersky, NJW 1989, 1.
18) RGZ 111, 233 (234 f.).
19) Canaris, Schutzgesetze - Verkehrspflichten - Schutzpflichten, Festschrift für Larenz, München 1983, S. 27 (109) ; Hopt, AcP 183 (1983) 608 (711).
20) Dazu vor allem Wiegand, Die Verhaltenspflichten - Ein Beitrag zur juristischen Zeitgeschichte, in Festschrift für Gagnér, München 1991, S. 547.
21) BGH WM 1992, 901 ; WM 1992, 1269.
22) Vor allem Canaris, Bankvertragsrecht, a. a. O., 2. Aufl. 1981, Rdn 2277.
23) Überzeugend Assmann, Prospekthaftung, Köln 1985 ; auch Köndgen, Zur Theorie der Prospekthaftung, Köln 1983.
24) Dazu zuletzt Hopt, Die Verantwortlichkeit der Banken bei Emissionen, München 1991, S. 95 f. am Beispiel des Emissionsgeschäfts.
25) BGH WM 1992, 901 (906).
26) Vertragstheoretisch ist damit über das rechtliche Zweipersonenverhältnis hinaus die marktwirtschaftliche Dimension des Vertrags angesprochen.
27) Hopt, Kapitalanlegerschutz, a. a. O., S. 413 ff.
28) Z. B. BGH WM 1992, 901 (903).
29) BGH, WM 1992, 901 (904).
30) Breidenbach, a. a. O., S. 62 ff. ; Rümker, a. a. O., Bankrechtstag 1992, S. 7 ff.
31) BGH NJW 1982, 2816, BGHZ 72, 92.
32) Müchen, OLGZ 28, 204.
33) BGH NJW 1981, 1440 für Warenterminoptionsgeschäfte.
34) Vgl. BGHZ 70, 356 (Börsendienst).
35) BGH WM 1992, 902 und schon oben.
36) Ausdrücklich z. B. BGH NJW 1981, 1440 (1441).
37) Hopt, Die Verantwortlichkeit der Banken bei Emissionen, a. a. O., S. 51 ff.
38) BGH, WM 1980, 284 m. w. N.
39) BGH, WM 1992, 901 (904).
40) Das ist also genau das Gegenteil der aus der Kartellrechtsdiskussion bekannten "deep pocket" -Doktrin.
41) BGHZ 70, 356 (361 f., 363) (Börsendienst).
42) Zum ganzen ausführlichere Nachweise bei Baumbach-Duden-Hopt, a. a. O., § 346 Anm. 4 A.
43) Z.B. BGHZ 74, 110 ; NJW 1984, 866 ; WM 1985, 381.
44) BGH NJW 1973, 456.
45) BGH WM 1974, 686.
46) BGH NJW 1979, 1596.
47) BGH WM 1984, 767.
48) BGHZ 100, 117.
49) BGH NJW 1982, 1096, WM 1985, 1530 (bei Empfehlung).
50) BGH NJW 1982, 2824.
51) BGHZ 80, 80 ; NJW 1982, 2816 ; 1983, 2696 ; 1986, 123 ; 1987, 641.
52) BGH NJW 1988, 2882.
53) BGHZ 61, 179 ; BB 1984, 94 ; OLG München WM 1980, 505. Vgl. auch BGHZ 74,

第 3 章　Die Aufklärungs-, Warn- und Beratungspflichten der Banken in … 91

281.
54) BGHZ 70, 363 ; 72, 105.
55) BGH WM 1992, 602, 904.
56) BGHZ 100, 123.
57) BGH NJW 1982, 2825.
58) BGH NJW 64, 2059 (laufende Überwachung des BGBl oder einer Fachzeitschrift), NJW 82, 1513 (innerbetriebliche Scheckkontrolle), Hbg BB 74, 1266 (Wechselprolongation).
59) Statt vieler BGHZ 79, 345 ; so auch die herrschende Lehre.
60) BGH NJW 1984, 921.
61) BGHZ 74, 112.
62) BGHZ 99, 108.
63) BGH NJW 1972, 1201 ; 1983, 1731.
64) BGH NJW 1983, 1053 ; 1984, 1688.
65) Köndgen, JZ 1978, 393 ; Assmann, Prospekthaftung, a. a. O., S. 371.
66) BGHZ 49, 80.
67) Canaris, Festschrift für Larenz, a. a. O., S. 27 (108) ; Hopt, AcP 183 (83) 711.
68) BGHZ 83, 222 ; NJW 1984, 2524 ; 1985, 381.
69) BGHZ 83, 222 ; in der Literatur sehr streitig, a. A. z. B. Köndgen, AG 83, 129, Assmann, WM 83, 143.
70) Die Rechtsprechung geht dazu teilweise sehr weit. So soll ausnahmsweise sogar eine sogar die Pflicht zur Aufklärung über die eigene Kreditwürdigkeit bestehen, so BGH NJW 1983, 677, u. U. auch die Pflicht zum Hinweis auf die eigene Haftung samt Verjährungsfrist, so für Anwälte und Steuerberater gegenüber Mandanten, BGH 83, 17 (23).
71) Hopt, ZGR 1992, 17 (34 f.).
72) Z. B. BGHZ 79, 337 ; NJW 80, 1162 ; 87, 1817.
73) Z. B. BGH WM 1990, 920 (922) ; 1991, 85 (86) ; 1991. 982 (984) ; 1992, 133 ; 1992, 902 u. a.
74) BGHZ 78, 263 (268).
75) BGHZ 95, 81.
76) Koller, BB 1978, 1733 (1738 f.).
77) BGH NJW 1992, 133 (134).
78) BGH NJW 1980, 1629 (1630).
79) BGH WM 1984, 1311 ; 1989, 1364 und 1368.
80) BGH WM 1984, 1311 ; 1989, 1364 und 1368 : Kenntnis oder Kennenmüssen ; Canaris, Bankvertragsrecht, a. a. O., Anm. 106, 800a : fiktives Verschulden genügt ; Baumbach-Duden-Hopt (7) Bankgeschäfte I 6 A.
81) Hopt, Kapitalanlegerschutz, a. a. O., S. 475 ; Lutter, RdW 1987, 314.
82) Hopt, a. a. O., Festschrift für Heinsius S. 319 ff.
83) So Canaris, Bankvertragsrecht, a. a. O., Anm. 106.
84) So dezidiert und mit beachtlichen Gründen Messer, Diskussionsbeitrag, in : Hadding, Hopt, Hrsg., Aufklärungspflicht der Kreditinstitute ; Kreditinstitute und "Schuldturm" - Bank-rechtstag 1992 – (in Druck).
85) BGH BB 1984, 94.
86) Canaris, Bankvertragsrecht, a. a. O., 2. Aufl. 1981, Rdn. 1425 ; für das Kreditrecht Hopt-Mülbert, Kreditrecht, Berlin 1989, Vorbem zu §§ 607 ff., Rz 429 ff.
87) Baumbach-Duden-Hopt, (7) Bankgeschäfte V 2 E ; offen BGHZ 83, 301 (309), NJW 1980, 782.

88) So inzwischen wohl BGH WM 1992, 1269 (1271).
89) BGH WM 1992, 133 (134) für den Fall, daß die Bank dem Anlageintressenten Beratung und Aufklärung nur hinsichtlich eines bestimmten Einzelpunkts schuldet ; demgegenüber abgrenzend (wohl den Normalfall) BGH WM 1992, 1269 (1271).
90) Stürner, JZ 1976, 384 ; Motzer, JZ 1983, 884 ; Palandt-Heinrichs, BGB, 51. Aufl., München 1992, § 242 Rn. 25, 37.
91) Vgl. BGHZ 64, 46 (49).
92) BGHZ 28, 373.
93) BGH NJW 1964, 2058.
94) BGH NJW 1963, 1872 ; 1978, 1852 ; 1987, 317.
95) BGHZ 23, 227.
96) BGHZ 72, 102.
97) BGH NJW 1988, 1584, WM 1988, 898.
98) BGH 100, 120, WM 86, 735, 995, NJW 88, 1583 ; Hopt, Haftung der Banken bei der Finanzierung von Publikumsgesellschaften und Bauherrenmodellen, Festschrift für Stimpel 1985, S. 265 (284) ; Immenga, ZHR 151 (87) 148 ; Rümker, ZHR 151 (87) 162.
99) BGH WM 1987, 677.
100) BGH NJW 1982, 1520.
101) BGH BB 1960, 1305.
102) Näher Hopt, Die Verantwortlichkeit der Banken bei Emissionen, a. a. O., S. 62 ff.
103) A. A. Breidenbach, a. a. O., S. 75.
104) Nachweise bei Baumbach-Duden-Hopt, a. a. O., § 347 HGB Anm. 4 A c.
105) Dazu Hopt, Kapitalanlegerschutz, a. a. O., S. 413-510 ; Heinsius und Kübler, ZHR 145 (1981) 177 und 204 ; Reul, Anlagepraxis 1983, 315, 351.

第4章
国際民事訴訟における法源としての判例の意義

ロルフ A. シュッツェ

Rolf A. Schütze

レジュメ

I

(a) ボン基本法は，伝統的な三権分立のシステムに立って，立法権と司法権をわけている．

(b) その結果，判例は，本来の意味での法源たりえないことは一般的に認められている．

(c) ただし，連邦憲法裁判所の裁判は，例外をなす．基本法100条2項に基づいてなされるこの裁判は，連邦憲法裁判所法31条2項により，法律としての効力が認められる．

(d) もっとも，特に法の欠缺がみられる領域では，上級審となる各連邦裁判所の裁判は，事実上の拘束力をもつ．そこで，法の発展に寄与する要素はすべて法源だとみると，判例もまた，広い意味での法源といえる．

(e) ドイツの国際民事訴訟法は，この意味で，連邦憲法裁判所，連邦通常裁判所そして連邦労働裁判所の判例の所産だといえる．

II

ドイツ国際民事訴訟法の形成に，判例はどのように寄与したか．その態様は，以下の三つにわけられる．

(ア) 国際民事訴訟法に関連する国際法規範の内容を連邦憲法裁判所が権威的に確定する．

(イ) 法の欠缺を埋める．

(ウ) 法規の解釈の形で当該法規に内容を盛り込む．

III

(1) (ア)の事例
(a) 一般的な国際法規範はドイツ法の構成要素をなすとボン基本法は規定しているが，果たしてある国際法規がこれにあたるかは，連邦憲法裁判所がこれを判断し，その判断は法律効をもつ．
(b) 判決ならびに強制執行手続における外国国家の主権免除に関し，連邦憲法裁判所は現在制限的主権免除の原則をとるが，連邦憲法裁判所の裁判は法律効をもつので，この原則は法規として作用する．

(2) (イ)の事例
(a) 国際民事訴訟法に関する法規定は，民事訴訟法ならびに裁判所構成法に散見されるだけである．立法の機会はあったが，立法者はこれを利用しなかった．
(b) 国際的裁判管轄は，土地管轄とは別異のものであり，両者の規律が異なることは，学説では古くから明らかとされていた．しかし，判例がこれを独立の概念として認めたのは，1965年の連邦通常裁判所の決定以降である．これ以来，国際的裁判管轄が土地管轄とは別個のものだということは，争いがなくなった．そして判例は，その意義に照らし，土地管轄に関する規定の適用を排除してきたのである．
(c) 国際的訴訟競合（二重起訴）についても規定はないが，判例は，あまりにも外国訴訟が長くかかることが予想される場合は別に，先行の外国訴訟で下された判決が，ドイツで承認される見込みのあることを要件にこれを認めている．もっとも，このような規律に疑問の余地のないわけではない．

(3) (ウ)の事例
(a) わずかにある国際民事訴訟に関する規定についても，それに中身を盛り込んでいったのは，判例である．
(b) 外国法の証明を規定する民事訴訟法293条の表現は誤解を招きやすいものとなっている．しかし判例は，iura novit curia の原則を外国法についても常に適用し，これは事実ではなく法であるとしてきた．もっとも，証明に関しては，厳格証明を求めるといった矛盾した態度がみられる．
(c) 外国法に関してノン・リケットになったときの規定はない．これは事実ではないから，証明責任では決められない．判例は，補充的な法として，法廷地法であるドイツ法を適用するが，これは，よりよい解決，例えば問題の外国法の母法もわからないといった場合のいわば緊急避難にすぎないといえよう．
(d) 上告理由を規定する民事訴訟法549条に関し，判例は，外国法違背は上

告理由にはならないという見解をとっているが，目的論的な制限を加えて，問題の余地のあるこの立法者の判断を，受認できるものに変容させている．
外国法違背が上告理由となるとして，上告審に独自の審査権を判例が認めてきたのは，以下の場合である．
(a) 民事訴訟法328条1項5号および110条2項1号の相互の保証が問題になる場合．
(b) ドイツの国際裁判管轄が外国法に依存する場合．
(c) 事実審裁判官が，適用すべき外国法を適用しなかった場合．
(d) ドイツ法への反致にあたって，ドイツ法を適用したのが正しいかどうかが問題となった場合．
(e) これを加え，近時連邦通常裁判所は，ベネゼイラ法の鑑定人の鑑定人としての資質を否定し，こうしてベネゼイラ法の上告審での審査を可能とした．これは，外国法違背は上告理由にならないという原則を疑問とするものであり，法政策的にみて誤った立法者の判断を修正するものである．そしてその実は，判例による法の定立である．

Ⅳ

(a) ドイツ法上，判例は固有の意味での法源ではないが，広い意味での法源となっていることをドイツの国際民事訴訟法は示している．
(b) 判例がドイツ国際民事訴訟法の形成にあたってはたした役割からして，それは，判例の影響を強く受けているというだけに止まらず，実は判例法そのものなのである．

(文責：森　勇)

基 調 報 告

Ⅰ　はじめに

ボン基本法は古典的な三権分立の枠組の中で，立法権と司法権の限界を定めている．その92条は，次のように定める．すなわち，

「司法権は，裁判官にゆだねられる．この権力は，連邦憲法裁判所，基本法に定められた諸連邦裁判所および各州の裁判所がこれを行使する．」

なるほど，ドイツ法は，裁判所が裁判を求められている個別事件をこえて一般

的な規律を定め，このようにして立法権を行使することを禁じているフランス民法 5 条[1]に対応する規定をもっていない[2]．しかしながら，ドイツ法上，判例は固有の意味での法源にならないということは承認されている[3]．裁判所の判断は，一般的拘束力という意味での規範的通用力性を有しない．コモン・ローのシステムがもっているような「先例拘束性」は[4]，わが国では認められていないのである．一つの例外は，連邦憲法裁判所がボン基本法100条 2 項に基づいて下す裁判であり，これは法律として効力を有する．

とは言っても，判例わけても上級審となる連邦裁判所のそれは，法的な拘束力を欠いてはいるものの，結果的には，拘束力に等しい効果を事実上もっている．このことは，立法的手当がなされていないとか，あるいは立法的な規律に不備のある法領域について特にあてはまる．法の継続的発展と創造に寄与するすべての要素を法源にかぞえあげるとすると[5]，判例は，広い意味での法源だと言うことができる[6]．ドイツの偉大な法思想家ブェーマー（Boehmer）は，制定法の解釈・補完ならびにその修正的な継続形成にあたっての裁判官の法創造権限の役割を，高い評価をうけているその著書「民事法秩序の基礎（Grundlagen der bürgerlichen Rechtsordnung）」の中心的課題としたのであった[7]．

ドイツの国際民事訴訟法は，このような意味で連邦憲法裁判所（BVerfG）および連邦通常裁判所（BGH）そしてまた連邦労働裁判所（BAG）の判例の影響を大きくうけつつ発展をとげてきたのである[8]．

II 連邦憲法裁判所による国際民事訴訟法に関連した国際法規範内容の権威的確定

ボン基本法25条によれば，国際法の一般原則は，ドイツ連邦共和国法の構成要素をなすとされている．訴訟において，国際法上のあるルールが連邦法の構成要素かどうかが問題となったときは，基本法101条 2 項にしたがい，連邦憲法裁判所が事件の係属する裁判所からの提示に基づいて，この点を判断する．すでに述べたように連邦憲法裁判所の裁判は法律としての効力を有する[9]．連邦憲法裁判所は，多数の判例において判決手続における裁判権の範囲を限界づ

け，そして外国国家の主権免除を明確化してきた．このようにして，連邦憲法裁判所は，国際民事訴訟の重要な部分を法律効をもって規律してきたのである．

1. 判決手続における外国国家の主権免除

民事裁判手続における主権免除に関する実定規定は，外交・領事関係に関するウィーン条約[10]に基づいて，外交部・領事部のメンバーおよび外国国家の職務権限の担い手に関して設けられているだけである[11]．国家の主権免除に関する規定は，裁判所構成法中にはおかれていない．

1945年まで，ドイツの判例は絶対的主権免除の原則をとっていた[12]．外国国家には，自分に向けられた請求の法的性格に関係なく，主権免除が認められていた[13]．1945年以降，判例が若干ゆれ動いた後[14]，1962年10月30日[15]と1963年4月30日[16]の二つの連邦憲法裁判所の決定により，制限的主権免除に移行したのであった[17]．

1962年の第一のケースは，旧ユーゴスラビアを被告とする訴えであった．訴訟物は外交部の土地の売買と無効な契約の清算に基づく請求権であった．1963年の第二のケースは，大使館の改修工事に基づいたイランに対する請負代金請求事件であった．二つのケースとも，連邦憲法裁判所は，被告となった外国の主権免除を否定し，訴えを適法としたのであった．

連邦憲法裁判所は次のような原則を定立したのであった．すなわち，外国国家は，公権的活動（acta jure imperii）に基づく請求についてのみ主権免除を享受し，非公権的活動（acta jure gestionis）に基づく請求については，享受できないという原則がこれである．こうして制限的主権免除の理論がドイツ法に取り入れられたのであった[18]．連邦憲法裁判所は法を定立したのではなく，かえって，基本法25条により現行法となっている国際法の内容を確定しただけだということは，これを見落としてはならないものの，連邦憲法裁判所の裁判は，法律としての効力を有することから，これらのケースでは，真の意味での判例法が定立されたのである．

2. 執行手続における外国国家の主権免除

　執行手続における裁判権の制限に関しても，判決手続における国家の主権免除の場合と同様に，連邦憲法裁判所は重要でしかも法を確定するという機能を果たしてきた．強制執行についても，ドイツの実務では，長きにわたって絶対的主権免除の原則がとられてきた．この際，リーディング・ケースとなっていたのは，ヘルフェルド（Hellfeld）事件である．この事件でプロシャの権限紛争裁判所（Konpetenzkonfliktsgerichtshof）は，旧ロシアに対する欠席判決に基づいて，ベルリンのメンデルスゾーン銀行にある旧ロシアの貯金に対する強制執行は不適法であるとしたのであった[19]．

　つとにシュトットガルト地方裁判所が，1971年9月21日に，スペインに対しその領事部の銀行口座について執行主権免除を認める決定を下していたが[20]，その6年後，連邦憲法裁判所は，ボンのドイツ銀行にあるフィリピン共和国の貯金差押えに関する事件において次のように判示したのであった[21]．

　　「非公権的行為（acta jure gestionis）に関し，外国国家を債務者として発せられた裁判の性格を有する債務名義に基づいて，法廷地国がその領土内に存している当諸外国の財産に対し強制執行を行うことは，当該財産が執行処分の開始時点において当該外国国家の公権的目的に奉仕するものである場合には，当該外国の同意のない限り不適法であるというのが，国際法の一般原則である．」

　しかしながら連邦憲法裁判所は，国際法の公権的な解釈によって国家の主権免除の対物的範囲を確定的に規律しただけでなく，さらにまた，主権免除を受ける権限をもつ公権力の担い手の限界をも示したのであった．1983年4月12日の決定[22]において連邦憲法裁判所は，イラン国立石油会社（National Iran Oil Company）が，自らはイランの原油法に基づいたイラン国家のための貯金の単なる受託者にすぎないと主張したにもかかわらず，その預金口座の差押えを適法としたのであった．この決定の判旨第一は以下のとおりである．

　　「ある外国国家を，その外国において権利能力を有する企業名義で法廷

地国の銀行に開設されている口座の債権の債権者と取り扱うことを認める国際法の一般原則は存在しない.」

III 判例による法の欠缺の補完

ドイツは国際民事訴訟法の法典を有しない. 若干の国際民事訴訟法規定が, 民事訴訟法 (ZPO) および裁判所構成法中に散見されるだけである. そのほか, この法領域に関する実定規定はわずかである. 法の欠缺の補完は, 判例にまかされているのである[23]. 1986年の国際私法の改革[24]にあたり, 広範にわたる法典化のチャンスがあったが, 立法者はこれを利用しなかったのであった.

1. 国際裁判管轄

ドイツの民事訴訟法は, 直接的には土地管轄を規定しているだけである. 裁判所の裁判権限の一個の独立した発現形式としての国家間の司法サービスの配分を定める国際裁判管轄の規定はない. もっとも学説は, かなり早い時期から内国の問題である土地管轄とならび, 国家の[25]管轄という特別の形式を立ててきていた. 国際裁判管轄という概念[26]は, ノイナー (Neuner) が生みだしたものであり[27], その後, わけてもパーゲンステッヒャー (Pagenstecher)[28], クラーリック (Kralik)[29], マッティェス (Matthies)[30]そしてガイマー (Geimer)[31]により, その内容の精緻化がはかられてきたものである. しかし, 1965年にいたるまで判例は, 土地管轄があれば国際裁判管轄があるという立場をとってきたし, その間にいささかも動揺を見せることはなかった. ようやく判例が国際裁判管轄を一個の独立した管轄形式であると認めたのは, 連邦通常裁判所民事大法廷が1965年6月14日に下した決定[32]以降のことである. これについて連邦通常裁判所は次のように述べている.

「(要件の点で) このような結びつきはあるものの, 土地管轄と国際裁判管轄とは若干異なる. 土地管轄は, ドイツの第一審裁判所中のいずれが事件を担当するかを決定するものであり, これに対し国際裁判管轄は, 外国

との関連を有する事件の裁判にドイツの裁判所があたるべきなのか，それとも他の国の裁判所がこれにあたるべきなのかを決めるものである．」

この決定以降，土地管轄とは区別されるべき国際裁判管轄という概念は，ドイツ法，つまり判例[33]・学説[34]において争いのないものとなっている．判例はまた，土地管轄と国際裁判管轄の差異をはっきりさせ，こうした国際裁判管轄という管轄形式の概念内容を明確化してきたのである．すなわち，

(イ) 控訴審・上告審における土地管轄の再審理を禁じる民事訴訟法512条aおよび549条2項は，国際裁判管轄には適用されない．そしてまた，国際裁判管轄が欠けていることは，控訴・上告理由となる[35]．

(ロ) 管轄を生じさせる効果を定めた民事訴訟法281条2項（移送決定の覊束力＝訳注）は，国際裁判管轄には適用がない[36]．

(ハ) これに対し，管轄原因事実が訴訟係属中に失われても，国際裁判管轄は存続する．連邦労働裁判所は，裁判所の恒定（perpetuatio fori）を規定する民事訴訟法261条3項を，国際裁判管轄の恒定の意味で適用したのであった[37]．

2．国際的訴訟競合（二重起訴）

外国民事判決の承認とその執行宣言については実定規定があるが[38]，外国での訴訟係属を内国手続において顧慮すべきことを定めた規定はない[39]．民事訴訟法261条は，訴え提起によって内国裁判所に生じた訴訟係属のみをその対象とするものである．

判例はこの点の欠缺を——問題はあるが[40]，——次のようなやり方で埋めた．すなわち，外国裁判所における訴訟係属は，外国における訴訟で下されることになる裁判がドイツで承認される場合には顧慮され，二重起訴になるとしたのであった[41]．承認されることが積極的に予測できることが必要とされているわけであり，この際唯一例外とされるのは，外国手続が容認しがたいほど長くかかる場合である[42]．

明らかに立法者は，このような確定した判例をもって充分と考え，そういうわけで，国際私法ならびに民事訴訟法改革のいずれの機会にも，国際的訴訟競

合に関する立法的な処置をとらなかったのであった．このようにして立法者は，立法権にゆだねられている規律を司法権にまかせ，裁判官を立法者に仕立て上げたのであった．これは，憲法の観点からすると問題がないわけではない．しかしこのようなことは，ドイツ連邦共和国の建国以来ますます多くなってきているのである[43]．

Ⅳ 判例による実定国際民事訴訟法規の注釈

わずかにある国際民事訴訟法に関する規定は，判例によってはじめて，その内容が広範にわたって明らかとされてきた．例えば，民事訴訟法293条からは，果たして外国法規は法と評価されるのか，それとも事実と評価されるのかわからない．外国法についても「汝事実を語れ，余は法を語る．」が妥当であるという意味にこの規定を解釈することで，この規定ははじめてその内容が明らかとなった．その限りにおいては，法規定の解釈の枠内における判例法は，広い意味での法源といえるわけである．

1．内国訴訟における外国法の証明

ドイツでの民事訴訟における外国法の探知について定めている民事訴訟法293条は，誤解されやすい規定である．しかし裁判所は外国法規についても，「汝事実を語れ，余は法を語る．」の原則を常に適用し[44]，外国法を事実ではなく法とあつかってきた．さらに，矛盾してはいるが，実務では，外国法規範の内容の探知を，証拠決定に基づく方式にのっとった証拠手続によってきた[45]．

外国法の探知については，解釈の必要はあるもののまだ規定があるだけまして，ノン・リッケトの場合については，法律上何も規定されていない．外国法は事実としてあつかわれるわけではないから，証明責任のルールは適用されない．いずれの当事者も証明懈怠におちいることはない．判例は，補充的な法として法廷地法であるドイツ法を適用している[46]．もっともこれは，例えば法の継受がなされた法秩序が問題となっている場合には，母法のような同一法系

の法を適用するといった「より良い」解決策[47]がないときの緊急非難にしかすぎないはずであろう[48].

2. 外国法違背を理由とする上告の可否

民事訴訟法549条は，上告理由を，連邦法違背およびふたつ以上の上級地方裁判所（OLG）の管轄地域にまたがって適用される法規違背に制限しているが，判例はこれを，外国法違背は上告理由にならない旨を規定するものと解している[49]．しかし裁判所は，多くのケースで同条を目的論的に制限して，法政策的にみて疑問のある立法者のこの判断を[50]，受認できるものに変容させている．

(イ) RGZ115号103頁に登載されている判例以来，ライヒ裁判所および連邦通常裁判所は，外国判決の承認に関する民事訴訟法328条1項5号[51]および訴訟費用の担保免除を規定するZPO110条2項1号[52]の相互の保障の審査の枠内において，外国法の適用について独自の審査権限を承認してきている．

(ロ) ドイツの国際裁判管轄の存否が外国法に依存する場合，連邦通常裁判所は，管轄審査の枠内で，外国法についての独自の審査権限を認めている[53]．

(ハ) 事実審裁判官が，外国法規がわからなかったからとか[54]，あるいはその規定が判決後に発効したために[55]外国法規を適用しなかった場合には，民事訴訟法549条は上告審におけるその適否の審査を妨げるものではないとされている．

(ニ) 民法施行法（国際私法）第4条によるドイツ法への反致の場合，ドイツ法を適用することが誤りかどうかが問題となる限り，上告裁判所は，外国の抵触規定および実体規定を再審査しなくてはならない[56]．

(ホ) さらに連邦通常裁判所は，1991年の裁判[57]において，外国違反は上告理由にならないという原則それ自体を問題とした．裁判所は，ベネゼイラ法に関し，ある鑑定人の資質を，彼がかの有名な外国法および国際私法マックスプランク研究所の研究員であったにもかかわらず，否定したので

あった．このようにして，連邦通常裁判所は上告審におけるベネゼイラ法の再審査の道を開いたのであった．この裁判は，おそらく外国法を理由に上告できないという原則との訣別を意味するものであろう[58]．これは，法政策上の誤った判断の修正を意味したものであり，この際に裁判所が法を定立したものである．

V 結　語

たしかに，ドイツ法上判例は，裁判官の判断が当該事案をこえて拘束力と一般的な妥当性を獲得するという意味での法源とはならない．とは言っても，まさに国際民事訴訟法は，判例が，多様でしかもその強弱を異にしつつ，広い意味での法源となっていることを示している好個の例である．

　連邦憲法裁判所が，国際法上のある規範は果たしてドイツ法の構成要素であるか否かを法律効をもって判断したときは，連邦憲法裁判所は，立法者が剥奪されている機能を果たしているのである．例えば，判決および執行手続における制限的主権免除原則をドイツ法に導入したのは，連邦憲法裁判所だというわけではないが，しかしながら，一般的な国際法の内容を確定することによって，ドイツの国際民事訴訟法における裁判権の及ぶ範囲を一般的拘束力をもって規定したのであった．ドイツ法は，俗にブリュッセル条約と呼ばれるヨーロッパ管轄・執行条約[59]の拘束力ある解釈に関し，同様の機能をヨーロッパ裁判所にゆだねている[60]．ヨーロッパ管轄・執行条約は，ドイツ国際民事訴訟法の1つの中枢をなすものであるが，その内容は，条約自律的つまり内国基準から開放された解釈をすることでドイツ法にはなじみのない解釈方法を用いる[61]ヨーロッパ裁判所によって，権威的に確定されることになっているのである．

　法律の欠缺を埋めることをつうじて行われる裁判官による法の継続形成は，この分野における立法化が進んでいないことから，ドイツの国際民事訴訟法においては特別の役割を演じている．このことを，わけても国際裁判管轄および国際的訴訟競合の問題が示している．この点の判例は，グリム（Grimm）[62]の言うように，少なくとも立法と法適用の狭間にあると言うことができる．

さらにまた，内国訴訟における外国法の証明，および外国法を理由とする上告の可否といった，法律によって規律されている領域においても，その点に関する規定の裁判所による解釈は，法の継続形成をもたらしてきたのであった．

ドイツの国際民事訴訟法は，そこでは判例が重要な役割をはたしているというだけに止まるものではない．真実のところそれは，民事訴訟法および裁判所構成法中に置かれている未発達でしかも統一性のない法律上の規定の上に組み上げられた判例法なのである．ここでは，ラーレンツ（Larenz）が，その著書「法学方法論（Methodenlehre der Rechtswissenschaft）」のなかの裁判官による法の継続形成の方法という章の冒頭で述べている言葉が強くあてはまる[63]．そこでは次のように述べられているのである．

「法の解釈と裁判官による法の継続形成とをその本質において異なるものとみてはならない．それらは同一の思考過程中の相異なった段階にほかならない．こう言うことで述べたいのは，次の二点である．すなわち，そもそも裁判所による単純な法解釈からして，それがはじめてなされ，あるいはかつての解釈と異なる限りは，たとえ裁判所自身が多くの場合そのことに気づいていないにせよ，これも法の継続形成のひとつだということであり，そして他方では，解釈の限界を超える裁判官による法の継続形成もやはり，広い意味では解釈的な方法を用いているということである．」

1) フランス民法5条.「裁判官は，その担当する事件に関し，一般的かつ規律的な規定をもうけるやり方で判決を下してはならない．」
2) 同様の規定は，オーストリアの普通取引約款法（AGBG）12条にもみられる．
3) Vgl. David/Grasmann, Einführung in die grossen Rechtssysteme der Gegenwart, 2. Aufl., 1988, S. 196 f.; Enneccerus/Nipperdey, Lehrbuch des Bürgerlichen Rechts, Bd. I/1, 1959, S. 274 f.; Larenz, Methodenlehre der Rechtswissenschaft, 6. Aufl., 1991, S. 366 ff..
4) これについては，Cross, Precedent in English Law, 3. Aufl., 1977 および Zweigert/Kötz, Einführung in die Rechtsvergleichung auf dem Gebiete des Privatrechts, Bd. I, 2. Aufl., 1984, S. 299 ff. 参照．
5) これについては，David/Grasmann（FN 3）S. 196 参照．
6) この点については，第10回国際比較法会議における Sauveplanne のジェネラル・レポートにおけるオランダ法についての報告（The Notion of Positive Law, Gene-

第4章　国際民事訴訟における法源としての判例の意義　105

ral Reports to the 10th International Congress of Comparative Law, 1988, S. 105 ff. (116)) も参照されたい. そこでは次のように述べられている.「オランダの裁判官は, 先例にしたがう義務を負ってはいないが, 同様のケースでは同様の判断を下すということであれば, その裁判は, 法を定律する効果をもつ. このことは, わけても最上級裁判所の判例にあてはまる. 民事ならびに行政の最上級裁判所は, 法の存在にとって重要な役割をはたしているのである.」ドイツ法の状況も, 事実このとおりである.

7) 1. Buch 1950; 2. Buch, 1. Abt 1951 ; 2. Buch, 2. Abt. 1952. この最後の巻は, 裁判官による法創造の実務のみをそのテーマとしている. その第三章では, 法文言には反しないがその趣旨に反する (praeter legem) 法創造を, そして第四章では法文言に反する (contra legem) 法創造と取り組んでいる.
8) Vgl. Schütze, Deutsches Internationales Zivilprozessrecht, 1985, S. 8.
9) Vgl. § 31 Abs. 2 BVerfGG (連邦憲法裁判所法).
10) BGBl. 1964 II, 957 ; 1969 II, 1585. これらについては, Steinmann, Ein Beitrag zu Fragen der zivilrechtlichen Immunität von ausländischen Diplomaten, Konsuln und anderen bevorrechtigten Personen, および, 同, von fremden Staaten, die durch ihre Missionen oder auf ähnliche Weise in der Bundesrepublik Deutschland tätig werden, MDR 1965, S. 706 ff. ; 795 ff. 参照.
11) Vgl. §§ 18-20 GVG (裁判所構成法)
12) この点の概観と文献については, Malina, Die völkerrechtliche Immunität ausländischer Staaten im zivilgerichtlichen Erkenntnisverfahren, Diss. Marburg 1978, S. 121 ff. 参照.
13) Vgl. RGZ 62, 165 ; 103, 174 ; 110, 315 ; 111, 375.
14) 例えば, キール地方裁判所 (LG Kiel) は, つとにその1953年の判例 (JZ 1954, S. 117 mit Anm, Aubin) において, 制限的主権免除理論を用いていた.
15) Vgl. BVerfGE 15, 25.
16) Vgl. BVerfGE 16, 27. これについては, 判旨に賛成する Kimminich, Das Völkerrecht in der Rechtsprechung des Bundesverfassungsgerichts, AöR 93 (1968), S. 485 ff. およびこれに反対する Trefftz, Die beschränkte Immunität in der Bundesrepublik, NJW 1964, S. 957 参照.
17) Vgl. dazu Münch, Das Verfahren des Bundesverfassungsgerichts nach Art. 100 II GG, JZ 1964, S. 163 ff..
18) これについては, 以下の文献を参照されたい. Albert, Völkerrechtliche Immunität ausländischer Staaten gegen Gerichtszwang, Diss. Berlin 1984 ; Dahm, Völkerrechtliche Grenzen der inländischen Gerichtsbarkeit gegenüber ausländischen Staaten, Festschrift für Nikisch 1958, S. 153 ff. ; Dahm/Delbrück/Wolfrum, Völkerrecht, Bd. I/1, 1989, S. 452 ff. ; Damian, Staatenimmunität und Gerichts-

zwang, 1985 ; Habscheid, Die Staatenimmunität im Erkenntnis- und Vollstreckungsverfahren, Festschrift für Giger, 1989, S. 213 ff. : Malina (FN12) ; Schaumann/Habscheid, Die Immunität ausländischer Staaten nach Völkerrecht und deutschen zivilprozessrecht, Berichte der Deutschen Gesellschaft für Völkerrecht, Heft 8, 1968.

19) Jahrbuch für öffentliches Recht 5 (1911), S. 255. この点については, Allen, The position of Foreign States before German Courts, 1928, S. 18 ff. 参照.
20) Vgl. LG Stuttgart AWD 1973, S. 104.
21) Vgl. BVerfGE 46,342 = RIW/AWD 1978, S. 122 mit Anm. Seidl-Hohenveldern.
22) Vgl. BVerfGE 64,1 = RIW/AWD 1983, S. 613 (L) mit Anm. Seidl-Hohenveldern. これについては, 同一ケースに関するフランクフルト上級地方裁判所 (OLG Frankfurt/Main) の判例 (IPRax 1983, S. 68) および, Albert, Arrestverfahren gegen ausländische staatliche Unternehmen am Vermögensgerichtsstand, IPRax 1983, S. 55 ff. ならびに, Stein, Zur Immunität fremder Staaten und ihrer im Ausland unterhaltenen Bankkonten, IPRax 1984, S. 179 ff. も参照されたい.
23) ドイツ国際民事訴訟法の法源については, 以下の文献を参照されたい. Geimer, Internationales Zivilprozessrecht, 1987, S. 28 ff. ; Linke, Internationales Zivilprozessrecht, 1990,S.3 ff. ; Riezler, Internationales Zivilprozessrecht, 1949, S. 17 ff. ; Schack, Internationales Zivilverfahrensrecht, 1991,S.19 ff. ; Schütze, Deutsches Internationales Zivilprozessrecht, 1985,S.4 ff.. 重要な法文は, Bülow/Böckstiegel/Geimer/Schütze, Internationaler Rechtsverkehr in Zivil- und Handelssachen, 2. Aufl., 1973 ff. および, Schütze, Internationales Zivilprozessrecht, 1980 にまとめられている.
24) Vgl. Gesetz zur Neuregelung des Internationalen Privatrechts vom 25. 7. 1986 (BGBl. 1986 I 1142).
25) この用語については, Zöller/Geimer, ZPO, 14. Aufl., IZPR RdN 205 参照.
26) 「国際裁判管轄 (internationale Zuständigkeit)」という表現は, うまいものではない. というのは, この概念は, 内国法上の管轄型式の問題だからである. Kropholler, Handbuch des Internationalen Zivilverfahrensrechts, Bd. I., 1982, S. 200 f. の国際裁判管轄についての説明も参照されたい.
27) Vgl. Neuner, Internationale Zuständigkeit, 1929.
28) Vgl. Pagenstecher, Gerichtsbarkeit und internationale Zuständigkeit als selbständige Prozessvoraussetzungen, RabelsZ 11 (1937), S. 337 ff..
29) Vgl. Kralik, Die internationale Zuständigkeit, ZZP 74 (1961), S. 2 ff..
30) Vgl. Matthies, Die deutsche internationale Zuständigkeit, 1955.
31) Vgl. Geimer, Zur Prüfung der Gerichtsbarkeit und der internationalen Zuständigkeit bei der Anerkennung ausländischer Urteile, 1966.

第 4 章 国際民事訴訟における法源としての判例の意義 107

32) Vgl. BGZ 44, 46 = JZ 1966 mit Anm. Neuhaus = LM Nr. 4 zu 512 a ZPO mit Anm. Schneider = JuS 1965, S. 458 mit Anm. Bahr. これについては, 以下の文献もまた参照されたい. Cohn, Zur internationalen Zuständigkeit deutscher Gerichte, AWD 1966, S. 211 ff.；同, Nachprüfung der internationalen Zuständigkeit durch die Rechtsmittelinstanz, NJW 1966, S. 287 ff.；Maier, Nachprüfung der internationalen Zuständigkeit durch die Rechtsmittelinstanz, NJW 1965, S. 1650 ff.；Schütze, Örtliche und internationale Zuständigkeit, AWD 1966, S. 94 f.
33) Vgl. z. B. BGHZ 69, 37；80, 1；94, 156；BGH RIW/AWD 1989, S. 481.
34) Vgl. Geimer (FN 23) S. 166 ff. ただし彼は, ドイツ民事訴訟法典には, 国際裁判管轄は規定されておらず, 判例によってはじめてその発展をみたとするテーゼに異論を唱えている. 同書90頁参照). Kropholler (FN 26) S. 197 ff.；Linke (FN 23) S. 37 ff.；Nagel, Internationales Zivilprozessrecht, 3. Aufl., 1991, S. 46 ff.；Schack (FN 23) S. 70 ff.；Schütze (FN 23) S. 31 ff. (alle m. w. N.)
35) Vgl. BGHZ 44, 46.
36) Vgl. BGHZ 44, 46；84, 18.
37) Vgl. BAG JZ 1979, S. 647. この問題については, 以下の文献も参照されたい. Beitzke, Bemerkungen zur perpetuatio fori im deutschen internationalen Verfahrensrecht, Festschrift für Rammos, 1979, S. 71 ff.；Damrau, Fortdauer der internationalen Zuständigkeit trotz Wegfalls ihrer Voraussetzungen？, Festschrift für Bosch, 1976, S. 103 ff..
38) Vgl. §§ 328, 722 f. ZPO.
39) この点の詳細については, 以下の文献参照. Habscheid, Zur Berücksichtigung der Rechtshängigkeit eines ausländischen Verfahrens, RabelsZ 31 (1967), S. 251 ff.；Schütze, Die Berücksichtigung der Rechtshängigkeit eines ausländischen Verfahrens, RabelsZ 31 (1967), S. 233 ff.；同, Die Wirkungen ausländischer Rechtshängigkeit in inländischen Verfahren, ZZP 104 (1991), S. 136 ff. m. w. N. für Rechtsprechung und Schrifttum.
40) Vgl. z. B. Hellwing, Lehrbuch des Detschen Civilprozessrechts I, 1903, S. 127, 178；Schütze (FN 39) RabelsZ 31 (1967), S. 136 ff. (144 ff.).
41) Vgl. RGZ 49, 344；158, 147；BGH NJW 1958, S. 103 (obiter dictum)；BGH NJW 1983, S. 1629；BGH NJW 1986, S. 2195；OLG Hamburg LZ 1926, S. 551；OLG München NJW 1972, S. 110；OLG Frankfurt/Main RIW/AWD 1980, S. 874；BayObLG FamRZ 1983, S. 501.
42) Vgl. BGH NJW 1983, S. 1269 = IPRax 1984, S. 152 = Dir. fam. 1983, S. 527 mit abl. Anm. Tortorici. これについては, Geimer, Beachtung ausländischer Rechtshängigkeit und Justizgewährungsnaspruch, NJW 1984, S. 527 ff. ならびに Luther, Die Grenzen der Sperrwirkung ausländischer Rechtshängigkeit, IPRax 1984, S. 141 ff.

も参照。
43) たとえば，連邦衆議院（Bundestag）は，憲法に照らすと疑問のあるやり方で，自らに付託された労働争議法の規律に取り組み，その立法権に帰属する任務を司法権にゆだねたのである。
44) Vgl. BGHZ 77, 32; BGH WM 1987, S. 273.
45) Vgl. z. B. BGH NJW 1975, S. 2142. これについては，Geisler, Zur Ermittlung ausländischen Rechts durch "Beweis" im Prozess, ZZP 91 (1978), S. 176 ff. が詳しい。証明手続については，Bendref, Gerichtliche Beweisbeschlüsse zum ausländischen und internationalen Privatrecht, MDR, 1983, S. 892 ff. も参照されたい。
46) Vgl. BGHZ 69, 387; BGH StAZ 1978, S. 124; BGH NJW 1982, S. 1215; BGH RIW/AWD 1982, S. 199.
47) 学説が好ましいとする補助連結点の概要については，Schack (FN 23), S. 236 ff. および，Schütze (FN 23), S. 120 ff. 参照。
48) 例えば，連邦通常裁判所（BGH）は，そのBGHZ 19, 50登載の判例において，シリア法の内容の確定のために，エジプト法ならびにフランス法をそのよりどころとし，また，ブレーメン上級地方裁判所（OLG Bremen）は，その判例（MDR 1955, S. 427）において，ルクセンブルグ法に関し，ベルギー法ならびにフランス法をそのよりどころとしていた。
49) Vgl. RGZ 170, 199; BGHZ 48, 214; BGH WM 1971, S. 1094; BGH WM 1986, S. 461. その他の判例については，Raape/Sturm, Internationales Privatrecht, Bd. I. 6. Aufl., 1977, S. 322 f. FN 98 参照。
50) Vgl. Broggini, Die Maxime "Jura novit curia" und das ausländische Recht, AcP 155 (1956), S. 469 ff.; Dölle, Betrachtungen zum ausländischen, internationalen und interzonalen Privatrecht im besetzten Deutschland, Festschrift für Raape, 1948, S. 149 ff. (154); Müller, in: Müller u. a., Die Anwendung ausländischen Rechts im internationalen Privatrecht, 1968, S. 74 ff; Raape/Sturm (FN 49), S. 312; Schack (FN 23), S. 239 ff.; Schütze (FN 23), S. 123 ff.; 労働裁判所手続に関しては，この法政策的にみて誤った判断は，労働裁判所法（ArbGG）73条1項により排除されている。ここでは，外国法違背も上告理由となる。
51) Vgl. RGZ 145, 74; 150, 374; BGHZ 42, 194. 確定判例である。
52) Vgl. BGHZ 37, 264; BGH WM 1982, S. 194. その他の判例については，Schütze, Zur Verbürgung der Gegenseitigkeit bei der Ausländersicherheit (§ 110 Abs. 2 Nr. 1 ZPO), JZ 1983, S. 383 ff. 参照。
53) Vgl. z. B. RGZ 149, 233; 150, 293; BGH WM 1984, S. 277.
54) Vgl. BGHZ 40, 197.
55) Vgl. BGHZ 36, 348.
56) Vgl. RGZ 136, 361; 145, 85; BGHZ 45, 351.

第4章　国際民事訴訟における法源としての判例の意義　109

57) Vgl. BGH EWS 1991, S. 396.
58) Vgl. Schütze, Der Abschied von der Nichtrevisibiltät ausländischen Rechts ?, EWS 1991, S. 372 f..
59) Übereinkommen vom 27. 9. 1968 über die gerichtliche Zuständigkeit und die Vollstreckung gerichtlicher Entscheidungen in Zivil- und Handelssachen, BGBl. 1972 II 773. ギリシャが同条約に加盟する条約（Beitrittsübereinkommens mit Griechenland vom 25. 10. 1982, BGBl. 1988 II 453) に掲げられているものが，現行の条約内容である.
60) Vgl. Protokoll betreffend die Auslegung des Übereinkommens vom 27. September 1968 über die gerichtliche Zuständigkeit und die Vollstreckung gerichtlicher Entscheidungen in Zivil- und Handelssachen durch den Gerichtshof in der Fassung des Beitrittsübereinkommens mit Griechenland vom 25. 10. 1982, BGBl. 1988 II 453.
61) はじめのケースは，EuGH EuGHE 1976, 1541 (ITU./. Eurocontrol) であった．その後，多数の判例が集積されている．その解釈方法については，以下の文献を参照．Geimer, Zur Auslegung des Brüsseler Zuständigkeits- und Vollstreckungsübereinkommen in Zivil- und Handelssachen vom 27. September 1968, EuR 12 (1977), S. 341 ff. ; Martiny, Autonome und einheitliche Auslegung im Europäischen Internationalen Zivilprozessrecht, RabelsZ 45 (1981), S. 427 ff. ; Schlosser, Vertragsautonome Auslegung, nationales Recht, Rechtsvergleichung und das EuGVÜ, Gedächtnisschrift für Bruns, 1980, S. 45 ff.
62) Vgl. Grimm, Rechtsentstehung, in: Grimm (Herausg.), Einführung in das Recht, 2. Aufl., 1991, S. 75.
63) Vgl. Larenz (FN 3) S. 366.

(翻訳：森　勇)

コメントおよび討論

司会 ドイツ語なり英語で直接ご質問をいただいても結構でございますが，日本語で質問していただいても，森先生が通訳をしてくださいますので，どうぞご遠慮なくご質問ください．
　最初に翻訳と通訳の両方をお願いしております森先生から，質問なり感想なりをお願いできませんか．

森 質問のおありの方がたくさんいらっしゃると思いますので，簡単に一言．当たりまえのことですが，国際民事訴訟法という領域は，シュッツェ先生がおっしゃったように，全く法規定の欠けている分野でありまして，そういう意味では判例法あるいは裁判官法が非常に大きな役割を果たさざるをえない領域になって

いるわけであります．そういう意味では，ドイツの判例法の見せどころというかたちになっているところだろうと思います．

このシンポジウムのテーマの関係上，判例の方から見た法の継続形成ということが中心に語られているわけですから，決してシュッツェさんが，それを無視しているというのではありませんけれども，学説が，これに非常に大きな寄与をなしてきたという経緯を忘れてはならないだろうと思います．いわゆる学説と判例の共同作業で国際民事訴訟法という紙の上に書かれない法律をつくり出していったのが，ドイツにおける今までの展開だろうと思います．そういう意味では立法者が自分独自の立法権限をこの領域ではある程度放棄せざるをえなくなるほど判例法ができ上がってきたし，また逆にそうすることによって法規範のフレキシビリティートを確保できる体制ができ上っているのではないかと考えます．

ついでに申し上げますと，今回の民訴改正の照会には国際民訴に関する質問事項がかなり入っておりました．そして日本弁護士連合会などの意見書を見ますと，かなり細かな規定を盛り込もうという傾向があるように見えます．しかしこう詳しく規定すると，かえってうまくいかないだろうと私は思いますし，実際ここまで詳しく規定することは，硬直化をまねき立法技術的にも妥当でないと思われます．

今までのドイツの国際民事訴訟の発展過程を見てみますと，かえってこの分野では，詳しいことは，さしあたりは学説と判例に任せておいた方がうまくいくのではないかと，そういう感想を受けたわけであります．

あまりおもしろい話ではございませんが，私の感想といったものを少し述べさせていただいた次第です．

小林 今日のご講演は，非常に有益で，我が国においても国際民事訴訟法は判例によってかなり発展しておりますので，非常に参考になりましたが，3点ほど教えていただければと思います．

第1点は，国際裁判管轄が独自の概念として認められるようになったのは，我が国の場合も同様なんですが，その範囲が問題になっているわけです．

森先生の方からも聞いておられるかもしれませんが，日本の場合には判例の実態は，原則逆推知説，ドイツ流に言うならドッペル・フンクシオンス・テオリー（Doppelfunkionstheorie）つまり二重機能説で，特段の事情で制限するという方向になっているんですが，日本と土地管轄の規定の内容が基本的には同じドイツの場合には，その範囲をどのようにしているのか．

聞いておりますところでは財産所在地の管轄を定めたZPO 23条なんかについては若干制限の方向が出ているということですけれども，それがどの程度の範囲で妥当すると現在のドイツの判例は考えているのか，全くパラレルではなくて，少し制限する方向に向かっているのではないかと思いますが，そのあたりを教えていただければと思います．

第2点は，国際的訴訟競合です．ドイツの場合には承認・執行の予測可能性で考えるというのが多数説ですね．こちらにおられる道垣内先生も，基本的にはそ

ういうお立場をとっておられますが，日本では，承認可能性の予測が困難ではないかという議論がよくなされています．そのあたりはドイツでどのように考えておられるのかを教えていただければと思います．

それから第3点は，ピュニティブ・ダメッジ（Punitive damage）つまり懲罰的損害賠償についてです．この点については，ドイツの判例が最近随分つみ重ねられているようでして，判例の中には，一定の範囲については懲罰的損害賠償を認めたアメリカの判決を承認・執行するような判例も出ているようですね．そのあたりはまだBGHの判例にはなっていないと思いますけれども，下級審の判例で幾つか出ていると思いますので，そのあたりのところを教えていただければと思います．

司会（小島）　ちょっと私の方から申し上げたいことがございます．

それはシュッツェ先生のご報告は，判例による法形成ということを重視して書かれております．これは「裁判所の役割」というのが，この国際共同研究のメインテーマでございましたので，ドイツ法についても判例の形成ということを重点に置きながら，各法分野の展開を論じていただきたいとお願いしましたからです．

このディスカッションは，その点に考慮をあまり払われないで，一般的に国際民事訴訟の問題をお聞きいただいて結構でございます．

高橋　今，小島先生が言われたことについては，私も関心があります．きょうの会はどういう趣旨なのか，そこのところを押さえておきたいんですが．

第1は，ドイツでは判例がこうなっているということを，日本の我々に語りかけたいと思って来られたのかどうかということですね．私どもは，ドイツではこうなっている．しかし，私はこう思うという，そこがむしろ聞きたいんですね．

司会（小島）　ディスカッションはまさにそちらに焦点を合わせた方がおもしろいものになるかと思います．

高橋　2点目は，小林さんが言われたことと関連するんですが，判例というときに，今日のペーパーでは，最上級審を中心に考えていらっしゃるようですね．

しかし，この分野は，日本の感覚で言いますと，下級審の判例が大きな意味をもっている．そういうところの方がむしろおもしろいところがあるんですが，この中央大学のシンポジウムは，最上級審を中心にして判例を眺める，あるいはドイツ人が判例というときには，最上級審のことをパッと思うのかどうか．判例といった場合，その範囲・射程はどのあたりを考えていらっしゃるのか，おうかがいしたい．

司会（小島）　私どもの方は判例の範囲を別に特定してお願いしておりませんので，その点も次の質問として取り上げさせていただきたいと思います．

シュッツェ　一般的にドイツの判例・多数説は二重機能説をとっていると言われていますが，表面的にみればそうだというだけのことです．つまり，二重機能説が原則とされているというだけのことです．ただ，まずもっては，BGHの判例は，二重機能説を維持しつつも，国際裁判管轄と内国土地管轄との法的効果の

違いを明確に示すという役割を果してきたことはこれを指摘しておくべきでしょう．しかし，一方では婚姻および親子事件については，既に国際裁判管轄規定が別個規定されておりまして，土地管轄と国際裁判管轄はパラレルという二重機能説は貫徹されてはいません．他方財産権についても，小林先生がお尋ねになりました，とりわけZPO 23条につきましては，去年，単に財産がドイツにあるだけではだめで，それに加えてその他の内国関連を必要とするというBGHの判例が出ました．この判例は，原告の住所がドイツ国内になければ，23条は使えないとしました．こうして，ドイツ法にはなじみのなかったフォールム・ノン・コンビェニエンスの法理を，ドイツ法にもち込んだわけです．

　国際的訴訟競合のことですけれども，自分が長年とり組んできたテーマでして，この点を質問していただいて非常にうれしいです．

　私は，結論から申しますと，外国における係属を考慮すること，二重起訴として，国内の訴訟を不適法却下することには反対であります．

　その理由は，小林先生がおっしゃったように，要するに承認予測可能性，つまりほぼ承認されるという意味で，積極的な承認予測というのは不可能だからであります．例えば国際裁判管轄につきましては，これは予測できるかもしれませんが，公序違反，つまり絶対法規，手続法規，両面から見て，公序違反があるかどうかは外国判決が出てみてはじめてわかる．あるいは相互の保障もまったくわからない．というふうに不可能なわけです．

　一つの例として，名古屋地裁が，ドイツとの相互保障があると87年にやりましたね．けれども，ドイツ側で86年に訴訟があったとしますと，ドイツの裁判所は，日本との相互の保障の可能性はないんだというふうな判断をしたのではないかと思います．

　これを一つとってみても，相互の承認の予測可能性は非常に難しいのではないかと思います．そういう意味で，私は国際的訴訟競合を認めることには反対であります．

　一つつけ加えておきますと，BGHは，ある程度これを相対化しようとしているわけです．具体的な例を申し上げますと，ドイツとイタリアとの関係で問題になったものですが，夫がイタリアで先に離婚訴訟を起こした．なぜかというと，妻がドイツで離婚訴訟を起こしそうになっているから先駆けをやったわけです．イタリアでは訴訟は結構長くかかる．引延そうとしたわけです．これはまずいということで，積極的承認予測が立つのに，訴訟競合についての従来の原則をとらずに，ドイツでの離婚訴訟を適法として許したというわけです．ただ，そうなると，相対的に見て余りにも長くかかるという事情が，果たしてどの程度の長さを意味するのかということがわからないわけです．そういう意味で，このような訴訟競合の法理を相対化したBGHの判例にも，問題があるだろうというふうに思います．

　次に懲罰的損害賠償についてですが，実は2カ月ほど前BGHの判例が出まして，そこでこの問題が取り上げられまし

た．通常これは，プロダクト・ライアビリティーとかで問題になる．我々が議論しているのはそういう例なんですが，この事件は，性的虐待を受けた14歳の被害者が訴えを提起して，懲罰的損害賠償を要求し，それで勝ったというものでした．したがって先例としてはあまり有益ではないかとも思います．BGH は，まず第1に，私は反対なのですが，懲罰的損害賠償を認める判決は，民事判決であるという立場に立って判断いたしました．

第2点で，しかしながら，これは公序に反すると判断したわけです．ここでは，ドイツにおける民事損害賠償の基本的原則を盾にとったわけです．その基本的原則というのは，被害者は被った被害の全額を受けてしかるべきであるが，その際に商売をやってはいかぬということです．懲罰的損害賠償を認めると，言ってみれば余分なものをいただける．一つの商売みたいな感じになってしまうということが，公序に反するということの根拠とされたわけです．私もこれに賛成です．

もう一つ，BGH は例の高い弁護士費用の問題についても判示しました．御質問には直接関係がないので，これには立ち入らないことにいたします．

日本でどう考えられているか，私も興味のあることであります．

（通訳：森）

司会（小島） それでよろしゅうございますか．

それでは次に，先ほどちょっと高橋先生から出された問題，そしてその次に石川先生からのご質問をお願いしたいと思います．

高橋先生，先ほどのことにつけ加えていただくことがございましたらどうぞ．

高橋 森さんが冒頭に感想としておっしゃったことが，シュッツェ先生の意見でもあるかどうか．このことを確認させていただきたい質問を2点お願いいたします．

一つは，この分野で判例がたくさんあるというのは，教えていただいたんですが，その判例全体のおおまかな方向をシュッツェ先生はどう考えていらっしゃるのか．判例の現在のあり方に対してのシュッツェ先生の立場というか，賛成・反対を教えて下さい．と申しますのは，日本でも判例がたくさんありますが，私は日本の最高裁の判例に対しては，少なくとも判決文の表現については非常な疑問を持っているわけですが，しかし，下級審のその後の展開に関しましては，おおむねいいのかなという感じも持っているわけです．

きょうは，こういうものがある，ああいうものがある，と言われたわけですが，それをシュッツェ先生は全体的に肯定するのか，否定的なのか．部分的にこういう部分はいいけれども，こういう部分はだめだというような区分けを大まかにしていただきたいのが第1点です．

それから関連する第2点は，森さんは，この分野は立法に任せるよりも，判例，学説に任せておく方が適当な分野であるとおっしゃったわけですが，シュッツェ先生もそういうふうに思っていらっしゃるのかどうか．この点に関心があります．仮登記担保などでも，日本の例では判例が先行をしましたが，最終的には

立法になった．立法化でよりよくなったのか，悪くなったのか，よくわかりませんが，やがては立法に結びつくべきものだというふうにシュッツェ先生はお考えなのか，あるいは当分はこれでいいとお考えなのか，その点が第2点です．

小島 森先生，ちょっと今の点につけ加えて伺いたいのは，今将来のことに，高橋先生がお触れになりましたけれども，この分野はこれまで判例が非常に大きな役割を果たしてきました．今後も続けて判例中心でいくのがよいのかというご質問でしたが，その一つのファクターとして，国際裁判管轄というのは，ある意味では一国が決めてもだめで，外国との絡み合い，やりとりの中で決まっていくようなところがありますので，そのファクターが今の判断にどの程度影響するのか．一方でドイツがこうだと決めても，管轄の範囲について，アメリカはもっと広くとるとか，常に衝突があるので，立法で決めてしまわずに，判例で柔軟に調整していった方が合理的なのかどうかという点も含めてお願いします．

シュッツェ 果たして下級審がどの程度影響力を持つのか，最上級裁判所の判例が出るまで，また最上級審の判例が出た後はどうか．最上級審であるBGHの判例が出るまでは，懲罰的損害賠償の例，あるいは先ほどの23条の財産所在地の例，いずれにしましても，下級審判例が，かなり重要な役割を果しますから，大きな意味を持っている．その下級審の判例を引用していくということで，自分の主張の説得力を強調することができるわけであります．そういう意味で下級審の判例は大きな意味を持っていると思います．

ただし，BGHの判例が出た後は，言ってみれば事実上の先例拘束力が働きますから，これで下級審判決が持っていた意義は，例えば懲罰的損害賠償に関してはなくなってしまうだろう．実際のところ，ここ1～2年のうちに，もう1件ぐらいこれに関するBGHの判例が確かに出るかもしれません．今までのところBGHの判例はまだ広まっていない．7月4日の判決なので，まだ広まっていないから，もう一つぐらい出るかもしれない．けれども，その後は下級審でそもそも弁護士がチャレンジしてこないだろう．チャレンジすれば，違う判決をもらっても，結局は，どうせ上へ行ったらひっくり返ってしまうわけですから，費用のことを考えると，弁護士の方も職業上の道義というか，そういう形で攻めていくことをしなくなってしまうのではないか．こういう意味では，最上級審の判例の出たあとは，下級審の判例は意義を持たないと言っていいだろうということであります．

高橋 立法化は必要ないのかどうか．

シュッツェ 私は立法化に賛成であります．86年の国際私法改革のときに，そのチャンスもありましたし，そうしておけばよかったと考えております．

なぜかといいますと，判例による事実上の立法というのは，我が国の司法制度，法制度にとっては，無縁のものだからであります．基本的には判例は，実定法の解釈をその中心的任務とするわけであります．あるいは全体はできているけれども，ある部分に法の欠缺がある場合，それを埋めるというのが判例に与え

第4章　国際民事訴訟における法源としての判例の意義　115

られた任務であります．

　そういう意味で，国際民事訴訟法のように，立法化がほとんど何もなされていない領域を，全面的に司法，判例に任せたままでおくことは，我が国の法制度の下では妥当でないと考えております．

　石川　私の質問の第1は，今の高橋先生のご質問に関連するんですけれども，国際民事訴訟の問題というのは，条約によって規律するというのが一番いい方法だろうと思います．そのためにヨーロッパではブリュッセル条約とかルガノ条約というものが締結されているのだろうと思います．

　ただ，今お話にありましたように，86年の国際私法の改正の場合にも立法化が行なわれなかったわけでありますし，また，ドイツではご承知のように，最近，民事訴訟法関係の法律改正を盛んにやっているにもかかわらず，国際民事訴訟関係の立法というものが行われない．私どもは今，日本の民事訴訟法の改正作業をやっているわけですけれども，その中にどれだけ国際民事訴訟の規定を入れるかということが重要な問題になってきていると思うんです．そういう観点から，特にお尋ねしたいと思うんですけれども，どうも先生のお考えでは，これを立法化した方がいいんだということですが，ドイツの立法者は，一体どういうふうに考えておられるのか．

　今申し上げたような民事訴訟法の一連の改正というものはなされているにもかかわらず，この問題だけは手つかずにおかれているということです．そこでドイツの立法者がどういうふうに考えられているのか，そのあたりのところを教えていただきたいというふうに思います．

　それから第2点は，このご報告の中でも，外国法を事実としてではなく，法として扱ってきたんだ，外国法は事実として扱われるわけではないから，証明責任のルールは適用されないというふうに言われているわけですけれども，それに関連しまして，一つは，外国法の調査能力というものを，ドイツの裁判所はどの程度持っているのか．

　これはなかなかお答えしにくいかと思いますけれども，かつて私は国際民事訴訟の専門家であるドイツの裁判官から，韓国法の調査を頼まれたことがありますが，そのときにそういう問題を感じたわけであります．

　その外国法の問題と関連しますが，ここで準拠外国法が不明の場合には，緊急避難としてドイツ法を適用していくんだということがご報告の中にあったと思いますけれども，これはあくまでも緊急避難にしか過ぎないんだということですね．先生は，そういう場合に，どういうふうに取り扱ったらいいとお考えになっているのか．

　森　今の最後のところですが，外国法については，いわゆる母法とか，そういうのをまず最初に見つけて，それが先だということですね．

　石川　それがわからないという場合には，終極的にはドイツ法でいく以外にはないわけですね．それが緊急避難だというふうに言われているわけですけれども，そこの前で，もう一段階ふんでいく．そういった，もっと適当な解決方法を考えていらっしゃるのかどうかということですね．

シュッツェ 今，先生のおっしゃったように，立法者は86年のときにもやりませんでしたし，その後の改正に当たっても，立法化にむけた活動をしているという動きは見られないわけです．

ただ，立法化が必要だ，あるいは立法的な解決が必要だというのは，今世紀初頭のヘルビッヒ（Hellevig）が，国際的訴訟競合について，既にこれを考慮すべきではないと述べているわけでありますから，立法者は十分承知しているだろうと思います．

問題は，なぜ立法者が動かないのかということです．立法者がみおとしているというわけではありませんが，推測すると二つの理由があるのではないかと私は思います．

一つは，一般的な規定を設けても，あまり意味がないので，そのような規定を定立することの妥当性が問われるという問題があるだろうと思います．要するに，細かいところをどこまでできるかという問題があるわけです．

もう一つは，先ほど石川先生もおっしゃいましたように，問題の解決を条約にゆずる，2国間，多国間の条約にゆずるというインテンシブがあるんじゃないかというふうなことが推測されます．

ただ，後者の条約に譲る問題は，2国間，多国間，いずれの条約の形態をとるにいたしましても，領域が非常に狭い．全体にわたって全部規律できるわけではありません．財産権上の請求に関してみると，国際裁判管轄の問題にとどまってしまうし，また，これをつくるといっても，全世界ネットまでもっていくのは，そう簡単にはいかないでしょう．現在日本とドイツの間でもこれはないわけですから，結局ドイツの内国の規律によらなければならないわけです．

こういう立法化の動きを全くしない立法者に対して不満があるというのが私の現在の立場です．判例は立法者ではないのです．

外国法の探知の問題でありますけれども，知っていれば，それに越したことはありませんが，ドイツでは，鑑定人に外国法の鑑定を依頼するというのが通常の方法であります．これは実は非常に危険なものでありまして，論理的に言いますと，裁判官が本来行うべき仕事を鑑定人に委ねているという結論になってしまうわけです．

例えば日本の利息が何％か，これはすぐに答えられますが，ある意思表示が果たしてイタリア法によれば取り消しうるのかという質問に，鑑定人は抽象的に答えることはできません．抽象的に答えようと思えば，本を渡すのが一番簡単なわけです．

そこで鑑定人は，具体的にこういう事情のもとで，こういう意思表示がなされた場合に，果たして取り消しうるのかという形の鑑定事項について鑑定することになります．これはまさに裁判官の役割を鑑定人が引き受けているということであります．

裁判官の裁判ではなく，鑑定人の裁判となってしまうわけです．例えば，南アフリカ，シリアとの相互の保障に関する判例は，ビューロー（Bülow）さん，ヴェングラー（Wengler）さんがやったものといったぐあいです．

外国法について，法として扱うという

んだったら，もっとちゃんとした体制を整えておいた方がいいだろうと思います．もっともこのことは，そうたいした問題ではないと思います．

第2の点の外国法が不明の場合補充法はどうかという問題でありますが，判例の傾向といたしましては，適用すべき外国法が不明のときは，ドイツ法を適用する．そういう傾向にあることは事実であります．もっとも簡単だからです．

ただ，不明な外国法になるべく近い法を適用していこうという認識が最近では強まっています．例えばセネガルの場合には，フランス法が近い．例えばBGHの判例ですが，シリア法が不明の場合に，シリア法が継受したエジプト法，エジプト法のもとになっているフランス法，こういう形で，なるべくもとの，本来適用すべき法規と近い法規を探していこう．こういう努力を判例はしております．

そういう意味で，法の継受があったところでは，まずは母法に戻るという形をとるのがよいと思います．それもできない場合には，ドイツ法でいかざるをえません．

ドイツ法にいく前に，統一法とか，レックス・マルカトーリアの適用といったことが，一つ考えられないかということですが，そのためには非常に多くの要素を全部まとめて考量しなければいけないので，それはおそらく無理だろうと思います．そういう意味では一番近いと思われる法になるべく近づける．これができないときには，ドイツ法を適用せざるをえないだろうと考えます．これが一番こうなやり方だと思います．

（通訳：森）

司会（小島） 残念ながら予定の時間が過ぎてしまいましたが，あと1〜2分時間を取れますので，道垣内先生，いろいろ論文を書かれておりますから，質問がおありでしょうか，短い質問で結構ですけれども……．

道垣内 一つだけお願いします．国際裁判管轄を立法化する場合に，例外なしの明確なルールができるのか．それとも，例えばフォーラム・ノン・コンビニエンスのような例外規定を設けなければならないのか．そうだとすると，これが乱用されてしまって，よくわからなくなる．それを押さえるような方法があるのかということをお伺いしたい．

シュッツェ 今のご質問ですが，例外規定，とりわけ先ほどのフォーラム・ノン・コンビニエンスを規定することなく広範にわたる国際裁判管轄に関する立法をするのが正しいやり方だと思います．

なぜかと言いますと，管轄の有無が不安定ですと，審理が長くかかったり，訴訟費用，訴訟のコストの増大をもたらす危険性がある．立法的に例外を規定することについては私は反対です．もちろんすべてきれいに整備された国際裁判管轄規定が成立したといたしましても，必ず法の欠缺が生じます．典型的な例がいわゆる緊急管轄であります．緊急管轄は，まったく実定法上のものではない．要するに正義の要請に由来するものであります．そういうものを認める必要性があるわけですが，ドイツ人は立法化をしようとしないでしょうし，また実定規定として定立できないものであります．なぜな

らあまりにも珍しい稀有の例でしか問題とならないものですので,立法者があらかじめ想定できないからです.
　　　　　　　　　　　（通訳：森）
　司会(小島)　どうもありがとうございました.
　それでは,時間がまいりましたので,まだたくさん質問をいただきたいのですけれども,これで第1セッションは終わらせていただきたいと思います.（拍手）

質疑参加者
基調報告　ロルフ A. シュッツェ（テュービンゲン大学）
コメント　森　　勇（獨協大学）
通　　訳　森　　勇（獨協大学）
質 問 者　小林秀之（上智大学）
　　　　　高橋宏志（東京大学）
　　　　　石川　明（朝日大学大学院）
　　　　　道垣内正人（東京大学）
総合司会　川添利幸（中央大学）
司　　会　小島武司（中央大学）

第5章
マーストリヒト条約による
ヨーロッパ共同体の組織

トーマス・オッパーマン
Thomas Oppermann

レジュメ

Ⅰ マーストリヒト精神に基づくEC改革は実現するか?

　ECは,国内法と国際法の中間に位置するヨーロッパ共同体法(いわゆる「ヨーロッパ法」)によって形成された.周知の通り,そのようなECの組織改革問題が欧州各国で活発に議論されている.とりわけ,ECを欧州連合に改組するべく締結されたマーストリヒト条約の批准は,難渋をきわめている.このマーストリヒト条約とEC改革の内容は,長きにわたってヨーロッパ,あるいはドイツとの緊密な関係を築いてきた友好国日本の法律家の方々にも,興味をそそるものであるに違いないことを確信する.

Ⅱ マーストリヒト条約に至る歴史的経緯

　マーストリヒト会談(1991年末)は,戦後に始まった欧州統合作業の総仕上げであった.欧州統合は,①2度の世界大戦と②米ソ冷戦という2つの事象にそのルーツを持っている.統合の各段階を略述すると,次の通りである.

　1946年　ツューリヒでのチャーチルによる「欧州合衆国」構想
　1950年　シューマン・プラン→1953年の欧州石炭・鉄鋼共同体の設立
　1957・58年　欧州経済共同体と欧州原子力共同体の設立
　1970年　共同市場の完成と欧州の政治的協調の開始
　1976・78年　欧州議会の直接選挙導入と欧州通貨制度に関する決議
　1987年　欧州単一議定書,欧州域内市場の完成(1992年),統合の最終段階
　　　　　としての「欧州連合」の設立の予告

ECの漸進的拡大は，当初の6カ国から12カ国体制への拡張と軌を一にしている．これまでも数々の危機があったが，欧州統合はおおむね成功と評することができる．

昨今の中東欧の激変によって，状況は変化した．だが，戦前の忌まわしきナショナリズムの跳梁へと回帰しないために，ECなどの集団的安全保障の重要性は薄れていない．ドイツ統一も，このようなフレームの中で理解される．

かくて，1990年末にはまず政治統合と通貨統合に関する予備会談が開催され，続いて1991年末にオランダの都市マーストリヒトで開かれた最終会談の席上，会談の成果が「欧州連合条約」として結実したのである．この条約は，従来のEEC条約を補充・修正し，「EC条約」を作ろうとするものである．

マーストリヒト条約の問題点は，いささか拙速に過ぎた点に求められる．その結果，1992年に入って，条約批准の段階で前述の困難が生じたのである．だが，これまでにも数々の危機はあった訳で，大局的に見るならば今回のマーストリヒト条約はヨーロッパ統合の歩みに多大の貢献をした，と後世の人々から評されることになるであろう．

Ⅲ　マーストリヒト条約の主な内容は何か？

欧州連合（マーストリヒト）条約により，欧州連合が創設されることになる．欧州連合は，3つのヨーロッパ共同体（EC，原子力共同体，石炭鉄鋼共同体）から成り，ことに外交・防衛政策の分野での政府間協力によって補充される．

連合条約の内容は，次の3つの規範に区分することができる．①連合の組織規範，②通貨・経済規範，③その他の連合の権限規範．以下，この順序で条約の内容を略述する．

(1) 組織規範について

「ECは非民主的である」との批判を回避するために，次のような改善がなされた．

㋐　民主制，基本権，連帯，市民への接近，補充性の原則（構成各国よりもEC全体で行った方が目標がより良く達成される場合に限り，ECとしての行動をすべしとの原則）の明示的承認．

㋑　欧州議会の権利の強化，欧州横断的政党の容認，一定の法的行為を行う際の欧州議会の共同決定，共同の外交・安全保障政策およびECが協定を締結する際の議会の共同決定の強化，調査委員会の設置，欧州議会の任命する市民オンブズマンへの欧州市民による請願権の新設

㋒　欧州市民権＝EC域内の旅行・滞在の自由，欧州議会の選挙権，住所地を管轄する国家の地方選挙の選挙権

㋓　構成各国の行政区画・地方公共団体の代表者から成る審議会の新設（ドイツからは連邦を構成する各州が参加）

【総評】 重要な執行権・立法権は，依然として欧州理事会と閣僚理事会の手に委ねられているが，マーストリヒト条約は EC に重要な民主化をもたらした．1996年には，マーストリヒト条約によって達成された統合の状態を再検討するための審査委員会の開催が予定されている．

(2) 通貨・経済規範について

マーストリヒトの核心は，経済・通貨管理の分野での EC の重要な権限拡大にあるが，この問題こそ批准の過程で構成各国において多くの政治的紛争を引き起こした．とりわけ，欧州通貨連合結成へのコースの確固たる明示と，経済政策に関する欧州共同体の権限強化について，そのことが言える．経済の専門家に言わせると，マーストリヒト構想は余りに統制的に過ぎる．

⑦ 通貨管理に関して，マーストリヒト条約はルビコン川を渡り，暫定的な欧州通貨制度（1979年）から単一通貨（エキュ？，ユーロ・フラン？）を伴う欧州通貨同盟に最終的に移行する準備を終えた．その第1段階として，欧州中央銀行制度を設ける．第2段階は，1994年1月1日に発足予定の欧州経済・通貨同盟への移行である．第3（最終）段階として，欧州通貨たるエキュの発行は1996年末，遅くも1999年1月1日が予定されている．ただし，場合によっては全体の通貨同盟の代わりに，少数の構成国による暫定的な「部分通貨連合」が結成される可能性もある．

通貨発行権の EC への委譲は国家主権の制限を意味するから，このプランが実現されると真の「欧州連合」が少なくとも部分的に実現することになる．しかし，その反面，マーストリヒト条約のこの部分をめぐって賛否両論が闘わされたとしても，何ら怪しむには足らない．賛成派は米ドル圏に匹敵する「エキュ圏」のメリットを説き，反対派は構成各国の国内における通貨・経済政策の相互調整の困難さも説いた．つい数日前の欧州通貨制度の乱高下は，欧州通貨同盟への前途は如何に厳しいかを我々に示した．

④ 経済政策に関して，EC は「自由競争に基づく開放市場経済の原則」に立脚する．だが，これは理論倒れに終わる可能性が強く，現実には特定の目的のために EC が経済秩序に介入する余地が残されている．

【総評】 通貨・経済政策に関して，マーストリヒト条約は様々な「経済哲学」の妥協の産物と言える．

(3) その他の規範について

「我らの使命は経済のみならず，政治にある」（ハルシュタイン）．この言葉は，マーストリヒト条約にも当てはまる．なぜなら，そこでは経済・通貨連合にとどまらず，政治連合の構築が模索されているからである．だが，この分野は EC 機構そのものによってではなく，構成各国の政府間協力の形式（EC 諸機関が関与するのではあるが）を採ることが連合条約の中では定められている．

⑦ 従来の欧州単一議定書の枠を超えて，マーストリヒト条約では共通外交

・安全保障政策の確立が謳われている．この政策は，EC委員会および欧州議会の関与の下に，欧州理事会および閣僚理事会に結集した各国政府の手で決定される．共通防衛政策の具体策は漸次形成されるものとし，西欧同盟（WEU）が連合の中核的構成要素と見なされる．

㋑ 更に遅々たる歩みは，ヨーロッパ共通の司法・内務協力，亡命・移住政策，テロ防止・麻薬取引撲滅のための欧州刑事警察機構の創設について言える．この協力も，EC委員会と欧州議会の関与を経て，欧州理事会の手で実施に移される．実務的には，多国間条約の形式（例えば，EC地域の開放に関する「シェンゲン条約」）を採ることになろう．

【総評】 経済以外の分野では，マーストリヒト条約は構成各国の意思を尊重しながら，単なる経済同盟を超えた実効的な欧州連合を作ろうとしていることが読み取れる．しかし，試みはその緒に就いたばかりである．連合条約によれば，この分野での欧州裁判所による法的統制は，明文で排除されている．

Ⅳ 今後の展望（むすび）

要するに，マーストリヒト条約は欧州統合に至る道程の重要な一歩であるが，その重要度はかなり限定されたものである．すなわち，「ブリュッセル政府による中央集権」に移行する訳ではないし，「欧州連邦国家」を作ろうとする訳でもない．ECの権限は今後も強化されるべきだが，そのありようは古典的な国際機構とは異なるものである．ECが現在の12カ国を超えて今後EFTA諸国へと拡大され，更には東欧にも拡大される気配がある．だが，そうなってもECは他に類を見ない共同体としての独特の性格を失わないであろう．マーストリヒト条約を含む「ヨーロッパ共通の家」構想は，戦後の欧州の歴史に照らして歓迎すべき試みである．ECが平和と経済の繁栄を欧州全土に拡大できたとすれば，その意義は単なる欧州を超えて，「新世界秩序」の構築への貢献と称することができよう．

（翻訳：石川　敏行）

基 調 報 告

Ⅰ　マーストリヒト精神に基づくEC諸条約の改革は到来するか？

ECは，1950年代以降の西ヨーロッパで，国内法と国際法の中間に新たに設

けられたヨーロッパ共同体（いわゆる「ヨーロッパ法」）に基づいて形成されました．そのようなECの組織改革問題が，ドイツを含むヨーロッパ各国で，目下の重要なテーマとなっております．従来のECを欧州連合に改組するために，1991年末にオランダの都市マーストリヒトで締結された条約の批准は，大方の予想に反して，各国で困難に逢着しています．1992年3月6日，デンマークの国民投票は僅差で条約を否決しました．その後，条約はギリシャ，アイルランド，イタリアおよびルクセンブルクで可決され，つい先日，1992年9月20日，フランス国民は──同じく僅差で──条約批准を可としました．けれども，とりわけイギリスでは深刻な論議がなされておりますし，同じことはドイツについてもある程度あてはまります．すなわち，ドイツでは新たに基本法第23条に規定されるべき「ヨーロッパ条項」（注：ドイツ統一に伴い，統一について定めていた旧23条は削除され，目下のところ内容は空白になっている．この部分に新しい規定を設ける訳である）に基づいて，マーストリヒト条約の批准は連邦議会と連邦参議院のそれぞれで，憲法改正に必要な特別多数決をもって可決されねばなりません．ドイツでは，法，経済および政治といったレベルで，マーストリヒト条約の目指すヨーロッパ統合，とりわけ1999年以後の通貨統合によるヨーロッパ統合の更なる進展が果たして本当に妥当かどうかという点をめぐって，この数カ月の間，活発な議論が続けられて参りました．フランスが「ゴーサイン」を示した今，ドイツの立法機関もまた，恐らくは同意を強いられることでありましょう．しかし，このヨーロッパにおける情熱的議論は，ヨーロッパ統一の作業が危機的な段階にまで達した，ということを示しているのです．従いまして，長年にわたってヨーロッパとの，またその中でもドイツとの緊密な関係を築いてきた友好国である日本の法律家の皆様方にとりましても，マーストリヒト条約の内容は興味をそそるものに違いないと確信いたしております．

II　マーストリヒト草案ができた理由

　1991年のマーストリヒト会談は，1945年の第2次大戦終了の直後から始まっ

たヨーロッパ統合作業の，差し当たり最後の重要な歩みでありました．ヨーロッパ統合は，その政治的パワーを2つの源，すなわち1つには1914年から1918年までと1939年から1945年まで続いた両次の世界大戦の苦い経験——世界大戦は，ヨーロッパを2度にわたって荒廃させました——と，もう1つは1980年代末まで続いた冷戦——冷戦は，ソビエト連邦に対する脅威の前に西ヨーロッパを団結させました——という2つの源に求めることができます．ヨーロッパ統合については，ことに次の段階を想起するべきでありましょう．

1946年　ツューリヒにおけるウインストン・チャーチルの「ヨーロッパ合衆国構想」

1950年　シューマン・プラン——これは，1953年にヨーロッパ石炭・鉄鋼共同体（EGKS）の設立につながりました．

1957・58年　2つの「ローマ条約」によるヨーロッパ経済共同体（EWG）とヨーロッパ原子力共同体（EAG）の設立

1970年　共同市場の完成とヨーロッパの政治的協調（EPZ）の開始

1976・78年　ヨーロッパ議会への直接選挙導入とヨーロッパ通貨制度（EWS）に関する会議

1987年　最初の大規模なEC改革としてのヨーロッパ単一議定書（EEA）——これは，なかんづく1992年末までにヨーロッパ域内市場の完成を目標に掲げ（EEC条約第8a条），統合プロセスの最終段階としての「ヨーロッパ連合（Europäische Union）」の設立を予告いたしました．

このようなEC内部の漸新的拡大は，当初の6カ国（ドイツ，フランス，イタリアおよびベネルックス3国）からこの間に12カ国（1973年のデンマーク，イギリスアイルランドの加盟，1981年のギリシャの加盟，1986年のスペインとポルトガルの加盟）への構成国の拡張と軌を一にしております．ECは，次第次第に日本やアメリカ合衆国と肩を並べて，世界の貿易相手に名を連ねるに至っております（例えば，GATTウルグァイ・ラウンド）．時には危機や逆戻りもあるにはありましたが，こうしたことを一まず度外視すれば，ヨーロッパ統合はこれまでのところ，成功の歴史と申すことができましょう．ヨーロッパ統

合は，超国家的なヨーロッパ法というものを手段に用いて，（西）ヨーロッパの国内法および国際法上の組織を抜本的に作り替えました．これは，1945年以前の状況とは決定的に異なる点です．

　1989年から1991年にかけての中東欧の「変節」（共産主義の崩壊，ソビエト連邦の解体）とともに，確かに「共産主義の脅威」は第2次世界大戦後のヨーロッパ統合の唯一のレゾン・デートルではなくなりました．しかしながら，未来を見通す能力を持つヨーロッパ市民なら誰でも，ヨーロッパ全土へ拡張するかどうかはさて措いて，ヨーロッパの緊密な連合こそが1914年以前および1939年以前に見られた旧きナショナリズムへ回帰しないための最善の方法であることを自覚し続けているはずです．このこととの関連で申せば，西ヨーロッパの多くの市民は，1990年以降，統一ドイツがECの枠組みに組み込まれ，その傾向が今後も発展・深化してゆくことを歓迎しています．ドイツ人の側もまた，「ヨーロッパあってのドイツ」と考えることに，何らの支障も感じてはおりません．

　以上の理由から，1990年末には政治統合と通貨統合に関して，EC諸国の政府による2度にわたる予備会談が開催されました．1991年末にオランダの都市マーストリヒトで開かれた最終会談の席上，それまでの成果が「ヨーロッパ連合条約（Unionsvertrag）」に結実したのです．そして，この条約はこれまでのEEC条約を抜本的に補充し修正するもので，新たに将来の基本となる「EC条約」を作ろうとするものです．

　マーストリヒト条約の問題点は，この条約が各国政府の手で極めて短時日のうちに締結された点であります．遺憾なことに，この条約はヨーロッパ法の専門家でさえ条約を解説するのに窮するほど込み入った内容となりました．しかも，「マーストリヒトの福音」を構成各国の国民や議会に速やかに知らしめる努力が怠られました．かくして，1992年に入って，条約の批准段階で既に述べた困難にたち至った訳であります．その結果，条約の運命はしばし不安定なものとなりました．けれども，1945年以降の数々のECの危機が教えてくれるように，構成諸国は結局のところは絶えず手を携え合って統合のプロセスを押し進めるはずです．従って，推測しますに今回のマーストリヒト条約も，振り返

ればヨーロッパ統合の歩みに多大の貢献をした，と言われることになるでありましょう．

III マーストリヒト条約の主要な内容

マーストリヒトの主要文書たる連合条約によって，次第に緊密になるヨーロッパ諸国民の連合を実現するための最終段階として，「ヨーロッパ連合」(以下，「連合」といいます）が創設されることになります（条約A条）．連合は，3つのヨーロッパ諸共同体（EC，原子力共同体，石炭鉄鋼共同体）から成り，ことに外交・防衛政策の分野では政府間協力の方式によって補充されます．

連合条約では，総じて次のような3つのレベルを異にする規律対象を区別することができます．すなわち，第1に連合の組織規範，第2に通貨および経済規範，第3に経済以外の分野に関する連合権限の拡張に関する規範です．以下，この順序で述べて参ります．

(a) 組織規範

一方ではECの「屋根」に当たるヨーロッパ連合の結成，他方では政府間協力の方式については，すでに述べました．それ以外に，よく批判されるECにおける「民主制の欠如」を緩和するような形で，連合条約は基本目標，政体，そしてECを形成しようとしております．それは，具体的には次のような内容です．

－ 民主制，1950年のヨーロッパ人権条約にいう基本権，連帯，市民への接近，補充性の原則（ECは目的がECレベルでより良く達成される場合に限り，独自に行動すべしとの原則）の尊重の明示的承認（EEC条約第3条bとともに連合条約第A，B，F条参照）．従って，ECが構成各国の国民国家的同一性を尊重することが強調されています．

－ ヨーロッパ議会の権利の一定の強化．ただし，各国の国内議会ほどの完全な権利は認められていません．その例としては，ヨーロッパ・レベルでの

政党の容認（EEC条約第138a条），一定の法的行為を行う際のヨーロッパ議会の共同決定手続の新設（EEC条約第189b条），共同の外交・安全保障政策およびECが協定を締結する際の議会の共同決定の強化（新しい第228条），調査委員会を設置し，ヨーロッパ議会の任命した市民オンブズマンに対する連合の全市民による請願権の導入（EEC条約第138c〜e条）．重要なのは，ヨーロッパ議会の同意を得た場合に限り，EC委員会によるオンブズマンの任命は可能である，という点でしょう（EEC条約第158条第2項）．

— 連合市民権の導入．これは，構成各国の国籍の保持とリンクするものです．この市民権は，旅行の自由，ECの域内における滞在の自由権，EC域内に住所を保持するかしないかの如何を問わずのヨーロッパ議会選挙権，国籍の如何を問わずの住所地国家の地方選挙の選挙権（EEC条約第8条〜第8条e）．

— 地域や地方の公共団体の代表者から成る審議会の新設（地方の委員会）．かくて，ドイツからは連邦を構成する各州が，不十分とはいえヨーロッパの意思形成のプロセスに参加することになります．

　要するに，今回の組織改革後も，なるほど重要な執行権および立法権は依然としてヨーロッパ理事会（Europäischer Rat der Regierungschefs）と閣僚理事会（Ministerrat）の手に委ねられている，と申せます．けれども，マーストリヒトは決して見過ごしにはできぬ民主化をECにもたらしました．これは，歓迎すべきことです．その際，注目すべきは連合条約第M条第2項によると，1996年にはマーストリヒト条約によって達成された統合の状態を点検するための審査会談が予定されていることです．

(b) 通貨・経済規範

　マーストリヒトの「核心中の核心」は，経済および通貨管理の分野でのECの重要な権限拡大であります．この問題こそ，構成各国での批准の過程で多くの政治的紛争を引き起こした真の原因と申せます．それは，とりわけ連合条約に予定された欧州通貨連合結成への確固たる「道筋」と，経済政策に関するヨ

ーロッパ共同体の権限強化について当てはまります.これは経済の専門家に言わせると余りに経済統制的に過ぎます.

— 通貨管理政策に関していえば,マーストリヒト条約は1979年の固定相場制によるヨーロッパ通貨制度（EWS）から,「エキュ」か「ユーロ・フラン」かその呼び名はともかくとして,「ルビコン川を渡って」ヨーロッパ単一通貨を有するヨーロッパ通貨同盟へと最終的に移行しようと準備しております.更に,条約は特別のヨーロッパ中央銀行（EZB）を伴うヨーロッパ中央銀行制度（ESZB）の創設を予定しております.この中央銀行は,政府からの独立度の点で,ドイツの連邦銀行をモデルに作られます.ヨーロッパ中央銀行の次の,すなわち第2段階として,1994年1月1日を期して経済・通貨連合への移行が予定されています.こうなると,構成各国の経済・通貨管理政策の協調は,明確な基準に伴うヨーロッパ通貨制度の助けを借りて,早くも根本的に強化されることになるでありましょう.最後の第3段階では,ヨーロッパ通貨としてのエキュの価値が最終的に固定されることになりますが,その始まりは1996年末から遅くも1999年1月1日に予定されております.ただし,注意すべきは,通貨同盟は5つの厳格な基準［物価安定,健全財政,公的債務の少なさ,金利の安定,通貨の安定］を充たすEC構成国のみの間で成立することになっている点です.もし,予定通り進んでゆくとすると,この通貨同盟なるものは,実は単にごく一部の構成国間の「部分連合」という形になる可能性もあるのです（EEC条約の議定書および条約第105条以下参照）.

予定される通り,ECに通貨高権が委譲されると,マーストリヒト条約は構成各国の国家主権の中心部分にまで踏み込むことになります.このプランの実現は,真の「ヨーロッパ連合」の一部が実現されたことを意味いたしますから,まさしく条約のこの部分が殊のほか物議をかもしたのは,当然のことです.そのメリットとしては,米ドル圏に匹敵するような「エキュ圏」の誕生が挙げられ,デメリットとしてはそれとともに必要となる各国間で異なる通貨管理・経済政策相互間の調整は困難かつ危険であることが挙げられました.つい数日前に見られたヨーロッパ貨幣制度の乱高下は,EC通貨制度

への道のりに如何に大きな障害が尚も横たわっているかということを，またもや我々に見せつけた格好になりました．

— マーストリヒト条約によれば，経済政策に関してECは「自由競争に基づく開放市場経済の原則」（EEC条約第102条a条）に立脚いたします．それに関連する項目として，1994年1月1日以降，連邦・州による特定の借款の禁止，健全財政の確立，資本移動の自由のほぼ完全な達成が挙げられます（EEC条約第73a～g条）．しかし，これは自由主義経済の「純粋性に固執する学説」がいう理論的意味に理解されてはなりません．この規定は，むしろECが共同体のためになる特定目的のために介入する口実を用意しておこうとするものです．例えば，経済・社会的統合の強化政策（貧しい構成国に対する財政移転政策）を継続するために，1993年末にはEC「平行交付基金（Kohäsionsfonds）」の新設が予定されております．この基金によって，EC内部では従来の構造調整基金（Strukturfonds）を上回る形で，基本的には北から南に向けての財政調整が図られることになります（EEC条約第130a～e条）．さらに，ECは規制政策上の疑念をぬぐい去って一定程度，産業介入政策［＝産業の保護と促進］を採ることにしております．この政策により，世界市場におけるEC産業に競争力を与える前提が担保されることになります（EEC条約第130条）．職業教育の分野（条約第126条以下）および社会政策に関する議定書でEC（ただし，イギリスは除かれます）に新しく認められた権限も，広い意味では上に述べたことと関連しています．

　多くの自由主義経済学者はマーストリヒト条約の経済政策の方向を余りに統制経済的に過ぎると批判するのですが，すでに述べたいくつかの規定は，結局のところEC諸国に見られる様々な「経済哲学」の妥協の産物であり，こうなることは避けがたいところでしょう．この種のヨーロッパ「経済基本体制」は，マーストリヒト条約の批准の過程では余り真剣に議論されませんでした．

(c)　経済以外の分野でのヨーロッパ連合の権限拡張に関する規範

「我々は経済のみならず，政治をも考慮しなければならない」．初代EEC委

員長をつとめたヴァルター・ハルシュタインのこの言葉は，マーストリヒト条約についても当てはまります．同条約は，経済・通貨同盟と並んで，ECを政治同盟にまで高めようとする狙いを持っております．外交や安全保障政策，また警察権によって守られる国内の治安に関しては，ここでもまた国家とその主権が核心となることから，マーストリヒト条約による統合の歩みは勢い控え目なものにとどまっております．この分野は，条約によってECに委譲される訳ではありません．連合条約によれば，ECの様々な機関の強力な関与を経て，政府間協力という形式を採ることになっております．

― 従来のヨーロッパ単一議定書の枠を超えて，マーストリヒト条約では共通外交および安全保障政策が確立される予定である．この政策は，EC委員会とヨーロッパ議会の関与を経て，ヨーロッパ理事会（欧州首脳理事会，欧州首脳会議，EC首脳会議）と閣僚理事会に結集した各国政府によって決定され，共通の観点に立脚してECとしての共同歩調を採ることも可能です．ただし，ヨーロッパ共通安全保障政策については少しずつ発展させることにし，西欧同盟［WEU＝ブリュッセル条約により，英国・フランス・ベルギー・オランダ・ルクセンブルクの5カ国で結成され，1955年に西ドイツとイタリアを加えた．本部所在地はロンドンであり，米国とカナダを連携国として，対ソ自衛機構としての性格を持っていた．北大西洋条約機構と密接な関連に立つ］が欧州連合を推進させる中核的要素と見なされます（連合条約第J～J11条）．

― それ以上に控え目な方法で行われるのが司法・内務行政の分野における共助で，ECとECを構成する各国に「共通の利害を有する事項」のために，ヨーロッパ全土に関わる重要な問題，例えば亡命者・移住者の処遇問題，テロ防止と麻薬取引撲滅のための欧州刑事警察機構の創設などが宣言されております（連合条約第K～K9条）．ここでもまた，共助はEC委員会とヨーロッパ議会の関与の下に，閣僚理事会の手で実施に移されます．ただし，実際上は，今後も全構成国間ないし特定国間の個別の国際法上の条約の形式を採ることでしょう（例えば，ECの域内国境の廃止に関する「シェンゲン条約」）．

原則的に見ると，マーストリヒト条約は，すでに述べた経済以外の事項に関するECの権限を拡大する理由によって，単なる経済連合を超えて，除々に実効性のある欧州政治連合の基礎を築こうと試みる構成各国の政治的意思を強調しようとしています．しかし，仮にマーストリヒト条約が発効したとしても，それは政府間協力という古典的形式を超えて各種の政策問題を真にヨーロッパ・レベルの問題にまで拡大するための緒に就いたに過ぎません．このことは，例えばこの分野がヨーロッパ裁判所の法的統制から免れる旨を明文の規定で謳う連合条約第L条からも読み取れます．

IV 今後の展望（むすび）

これまで述べてきたことをまとめると，マーストリヒト条約は確かに1945年に始まったヨーロッパ統合を更に推進する重要な一歩ではありますが，その重要度は極めて限られたものであります．とりわけ，多くの人が非難するように，「ブリュッセル政府による中央集権」に移行し，EC本部が全てを決することにはなりません．マーストリヒト精神に基づく連合条約およびEC条約は，ヨーロッパ連合が強大な中央政府を有する連邦国家としてではなく，各構成国の民主的基盤に立ち，ヨーロッパ理事会と閣僚理事会に結集した各構成国の代表たちに重要決定を委ねることにしました．ECの権限は，今後も全体として強化されるべきであります．しかし，ECはそれ自体独特の性格を持った「共同体」なのであり，連邦国家や「超国家」を作る目的で結成される古典的意味の国際機構とは全く性質を異にする存在です．1990年代に，ECは恐らく現在の12カ国からEFTA諸国（オーストリア，スイス，フィンランド，スウェーデン）へと拡大され，ひょっとすると更にポーランド，ハンガリー，チェコとスロバキア共和国という東方に拡大されるでしょう．しかし，いくら拡大されても，ECが固有の共同体組織であるという性格に変わりはありません．例えば，マーストリヒト条約のようなヨーロッパ法をテコとして強化される「ヨーロッパ共通の家」は，戦後のヨーロッパ史に照らす限り，歓迎すべき試みであることは，いうまでもありません．もし仮に，1950年から西ヨーロッパ

で築いてきた平和と経済繁栄の保障をヨーロッパ全土に拡大することに成功したとすれば，ECはヨーロッパを超えて折に触れて言われる「新世界秩序」——それは，政体が安定し，経済的にも能力のある何カ国かが存在しなければ考えられません——の建設に対して，重要な貢献をすることになるでありましょう．恐らく，今のべたことは世界のもう一方の極でECと類似の課題に直面している皆様方のお国である日本でこそ，正当に理解され評価されるものであると考えます．

（翻訳：石川　敏行）

討　　論

司会（小島）　ありがとうございました．限られた時間の中で，大変手際よくECの全体像をまとめてお話しいただきました．私どもECの全体像がある程度つかめ，また同時に個々の問題点についても大変興味をそそられるお話でした．

それでは，皆様からのご質問ないしご意見についてオッパーマン先生にお答えいただき，さらに皆様方からご意見などを承るということで，討論を進めていきたいと思います．

講演の通訳を石川さんにお願いしましたけれども，内容面については引き続き石川さんの方で司会を務めていただければありがたく存じます．ご質問をいただくのは，日本語の場合は石川さんから通訳をしていただきますが，ドイツ語や英語でご質問をいただいても結構かと思います．その際は，申しわけありませんが，質問の趣旨を要約して日本語でお願いできればありがたいと思います．そういう手順でこれから進めてまいります．

司会（石川）　討論の進め方については，我々にお任せいただくということでありますから，どなたかが口火を切って下されば，こういう催しはスムーズにまいります．遠慮なく質問をしていただければと思います．

小島　私の方から口火を切る意味で，少し漠然とした質問をさせていただきます．

今日お話しになった条約の問題は，ヨーロッパにとっても，アジア太平洋地域全体にとっても大変興味深い展開であるわけです．その意味でこれは，世界的な広がりを持った問題だと言えます．私の友人のマウロ・カペレッティー教授は，数年前に大きなプロジェクトを発足させ，いわばばらばらな国家，独立国家の集合が併存していたのを，いかにして現在のようなアメリカ合衆国という形にまとめ上げたか，そのプロセスと考え方，技術というようなものを研究し，それが将来の世界の国家間の調整に役立つのじゃないかということを研究いたしました．そこで私の質問は，アメリカの国家統合の手法というものとECの手法というものの間には，相当大きな距離がある

と同時に，共通の面も持っていると思います．その辺のアプローチの違い，異同のようなものを，少しお話しいただくと，全体の理解にとってありがたいかと思います．

オッパーマン 小島先生には大変核心を突くご質問をしていただきましてありがとうございました．

確かにECの構成原理を考える際に，特にアメリカ合衆国との比較をしてみると，大変興味深いと思います．やはりECの場合には，いろんな意味での発展の可能性もある反面，また限界もあるというふうに思います．

先ほど講演の中で引用しましたウインストン・チャーチルは，1946年にヨーロッパ合衆国，欧州合衆国ということを言ったわけであります．この「合衆国」というのは，もちろんアメリカ合衆国と対比してチャーチルは言ったわけです．

アメリカは連邦国家です．それではECが連邦国家であるかというと，先ほどの講演の中で申し上げたように，そうではないわけですね．むしろ先ほど使われた言葉ですと，コモンウエルスに近いもの，あるいは独特の性格を持った存在です．特にアメリカとの違いということについて考えてみますと，アメリカ合衆国の場合には，住んでいる人たち（国民あるいは民族）がまだしも統一性がある．もちろん少数のいろいろな人たちはいますが，全体として住民の中にアイデンティティーがあります．

これに対してヨーロッパというのは，各国でお国ぶりがさまざまで，それぞれの国の自意識が強い．例えばフランスはルイ14世，イギリスにはシエイクスピア，ドイツですと，ゲーテというようなことで，かなり異なるいろいろな特徴を持っている．ですから，それが「人種のるつぼ」というような形で，一つに溶け合っていくかというと，これはなかなか難しいものがある．

もう一つ，アメリカ合衆国との違いは，言葉の点です．アメリカの場合には当然英語が共通語になりますが，ECの場合には言葉が統一されているわけではありません．特にブリュッセルのEC本部では大体年間に1億ないし2億マルクをかけてECで使われている言葉にECの文書を翻訳するための予算措置を講じており，大変なお金がかかっています．

今回のマーストリヒト条約が仮に発効したとしたしましても，ECを構成しているイギリスとかフランス，ドイツという国民国家が存続していくことに変わりはないわけです．このように，ECは連邦国家ではありませんから，ここがアメリカとは大いに違う点です．

ただし，経済の分野での共通の利害関係があるから，経済の側面から統合をしたいというのがECでありますから，これはアメリカ合衆国の場合とはかなり違った性格を持っている．ですから，ECの場合には，アメリカに比べると，より限定された統合であるように思います．統合の手段というのが，我々法律家にとっては重要な法というものなのであります．

ハルシュタイン（Walter Hallstein）は，何度も法ということを強調し，「法共同体（Rechtsgemeinschaft）」という言葉を頻繁に使ったわけですが，まさにECというのは法共同体なのであって，

アメリカのような連邦国家とはいささか性格を異にする，ここが違いなのではないかと思います。　　　（通訳：石川）

戸波　EC法がよくわからないので，基本的な点をお伺いします。EC法と各国の国内法との関係なんですが，当然ECができて，ECの議会なり委員会なりが決定を下しますと，それは当然各国の立法を上回る，あるいは各国の政府を拘束しないと，ECの統合ができません。その際，ECの決定が各国の憲法に抵触したらどうなるのかという問題があります。ドイツですと有名なSolange IIという連邦憲法裁判所の決定があって，EC裁判所の憲法解釈権を認めました。すると，ECレベルの決定をなるべく尊重するような形で遵守してほしいというECの要求と，各国の中で場合によっては，うちの憲法に抵触するから，それは従えないという矛盾が出てこないか。その場合に，EC法と国内法，特に国内憲法との調整は，ドイツの場合とほかの国の場合，どういうふうになっているのかを，教えていただきたいと思います。

オッパーマン　これまた核心を突くご質問なんですが，ドイツ語のSolange IIという言葉が，そのまま日本で通用する（笑）というのは，それほど皆様がEC法のことをよく勉強されているということで，私は非常に驚きました。

まず，最初の点ですが，EC法と国内法，とりわけ国内憲法の関係は非常に重要な問題が幾つかあります。まず原則的な点でお答えをしておきますと，ご承知のとおり，国内法との関係ではEC法の優位という原則は確立しているわけです。もしEC法が優位をしないということになりますと，ECというのは，今まであった国際組織と何ら変わりがなくなってしまいます。だから，EC法が国内法に対して優位をする，つまりEC法が構成国の政府を拘束するという原則はやはりありわけであります。

ここが国際法の場合とEC法の違いで，国際法の領域ですと，国際法と国内法の関係についての一元論，二元論あるいは変形理論というものがいろいろ出てくるわけであります。基本的にはEC法と国内法の関係で言うと，EC法には基礎法（プライマリーロー）と派生法（セカンダリーロー）という二つのものがあります。それをひっくるめて，EC法が国内法に優位をするという原則があるわけです。

ただし，先ほどご質問にありましたSolange IIの前に，もう一つSolange Iという決定があります。このSolange Iの決定の段階では，ドイツの連邦憲法裁判所は，まだEC法の優位を認めておりませんでした。

ところが，十何年かたちましてSolange IIが出てきた段階で，その間にECが法的にかなり発展をしたという歴史的な背景の下に，Solange II決定では，要するに「ヨーロッパ基本権」というものを，EC裁判所が判例法を通じて認めるようになったのです。Solange Iのころには，ヨーロッパ基本権をEC裁判所が保護するというような発想は，まだ未発達であったわけです。したがって，Solange IからSolange IIに移り変わるところで，EC法の発展がありましたので，今回のSolange IIでは，連邦憲法裁判所は，ヨーロッパの統合はそこま

で進んだこの間に（つまり，so lange）は，と言ったのです．私の考えでは，連邦憲法裁判所の Solang II 決定は，ほぼ90％程度正しいと思います．

ともあれ，この段階で判例法によってヨーロッパ基本権が成立していったというのが，まずドイツの裁判所との関係で言うと重要な点であろうと思います．

ドイツについては，すでにお答えをしましたが，ご質問がありましたので，ほかの国の状況についてもお答えをいたします．イタリア，オランダ，ベルギーでは，比較的早い時期に EC 法が国内法に優位するという原則を国内裁判所が認めました．

問題は，イギリスだったわけであります．イギリスの貴族院，これはご承知のとおり同時に裁判所の役割を果たしておりますけれども，貴族院は EC に加盟するまでは，かなり我が道を行くという態度をとっていたわけであります．ところが，EC に加入した後には，驚くべきことにプライドを捨て，イギリス法に対して EC 法が優位をするということを裁判所自身が認めました．

それからフランスの場合には，破毀院がありますが，破毀院の場合には，1975年の判決で——これまたこの裁判所も歴史があるし，プライドが高いのですけれども—— EC 法の国内法に対する優位を認めました．

それから最後まで抵抗していたのが，フランスの行政裁判所であるコンセーユデタであります．しかし，これも2年ほど前に下されたニコル事件という判決で，最終的には EC 法と国内法が抵触した場合には，EC 法が優位するという原則を認めました．

ヨーロッパ各国の裁判制度は，EC の裁判所に比べると歴史が長いし，そこにいる裁判官たちの誇りが高いにもかかわらず，それに比べてまだ歴史の浅い EC 裁判所を盛り立てるというか，育成するというのでしょうか，ルクセンブルクの決定を尊重するということを，この間にドイツを含めた国で認めるようになってきているということです．

（通訳：石川）

加藤 欧州連合が形成されるということと，それが構成各国の国内問題へどのように影響するかということをリーガル・サービスの問題を例にとってお尋ねしたいと思います．

欧州連合が結成されますと，企業の経済活動が広域化する，投資も従前以上に域内で活発になる．企業活動は多国籍化の方向に当然行くことになりますが，それに伴いまして，弁護士によるリーガル・サービスの形態がどのように変わっていくと想定されるかということをお聞きします．

寡占化あるいはネットワーク化ということが予測されますけれども，そのような理解でいいのかどうか．若干敷衍しますと，最近ドイツ，フランス，ベルギーとあと2カ国ぐらいの5カ国の大手の弁護士事務所が，EC 弁護士連合というようなものをつくり，どの程度知名度があるものなのかわかりませんが，そういうネットワーク化の方向を打ち出しているという話も聞きますので，その辺の状況というのはどんなふうになっているのかをお尋ねしたいと思います．

オッパーマン 居住移転の自由あるい

は職業選択の自由というEC法の核心を突くご質問をいただき，とりわけ弁護士の問題に関するご質問をいただき，ありがとうございました．

原則は，ECの域内で移動し，どこで開業してもOKなわけであります．EC条約は，そういう意味で職業の自由を認めております，これは自由業，お医者さんであるとか弁護士の場合に，とりわけ当てはまるわけであります．

ただ，お医者さんと弁護士の違いは，後者の場合にはECを構成している各国で法曹教育に相当の違いがあるわけです．ここが一番難しい点であります．つまり一例を挙げると，フランスで幾らいい成績で国家試験を通って法律家になったとしても，その人が直ちにドイツで同じような意味で優れた法律家として活動できるという保障は全くありません．ですから，この点をどうするかいろいろ議論されたわけでありますが，1988年にECからディレクティブが出まして，このEC指令によりますと，例えばフランスで国家試験に合格して，ドイツのデュッセルドルフで弁護士を開業したいという場合，補充教育を行う．フランスの成績等は成績証明書でわかるわけですが，それに加えてドイツ法についての補充的な教育を行う．しかも，それはあまり長い時間ではございませんで，1年間ドイツ法を学んでもらう．この補充教育はどこが実施するかというと，弁護士会がイニシァチブをとって実施をするわけです．この弁護士会の行う補充教育にフランスの人が参加して，試験に合格したとしますと，ドイツのデュッセルドルフで弁護士を開業することができるという形に現在はなっております．

もう一つの点は，先ほどのお話のあったドイツのデュッセルドルフだけではなくて，同時にECの域内のいろいろなところで弁護士事務所を持つという可能性でありますが，それも原則としては肯定される方向にあります．

ですから，先ほどの各国内の法曹教育が違うという話がありましたが，結局は補充教育という形で，それぞれの国で受け入れていくことになるわけです．ですから，補充教育を受ければ，弁護士さんにとっては開業できる国がだんだん広がっていくことになるわけです．

（通訳：石川）

嶋崎 先ほどの戸波先生の質問と関係すると思いますけれども，私の質問は，EC法とドイツの憲法裁判所の判例との関係です．

特に憲法の研究者としては，欧州市民権とか，欧州基本権ということに興味があるわけですけれども，そこでは地方自治体レベルでの選挙権が与えられるということでありますが，これについては憲法裁判所の，地方レベルの選挙権を認められないという判決があります．この判決と条約などEC法とが抵触した場合に，どのように処理されるのか．あるいは，地方レベルの選挙権がさらに国家レベルに拡大していくということも考えられるのか，ということについて伺いたいと思います．

オッパーマン まず最初の質問のお答えでありますが，これもまた，地方選挙の非常にいい質問をしていただいてありがとうございました．

ご承知のとおり，シュレースヴィヒ・

ホルシュタインとハンブルク州で外国人に対する地方選挙権を認めるというやり方が違憲という連邦憲法裁判所の判決が出ました．これが下された背景は，まだマーストリヒト条約が成立していない段階でした．現在もマーストリヒト条約は発効しておりませんから，今後の話としては，連邦議会によってマーストリヒト条約が可決されたらどうなるかということであります．

ただ，それ以前の話になりますと，要するに違憲判決の論拠はどういうことであったかというと，ボン基本法20条は，「国家権力が国民から発する」という有名な規定ですが，そのフォルク（Volk）という言葉が，伝統的な解釈によると，ドイツ国民ということになりますから，ドイツ国籍を持っていなければ，選挙権は認められないという結論であったわけです．

ところが，先ほど講演の中で申し上げたように，ボン基本法23条が，いわゆるヨーロッパ条項として，その第一項にEC統合に関連する条文が入ることになります．予定ですと，1992年末にはこの憲法改正がされることになると思います．

そうなりますと，先ほどの基本法20条の定めるフォルク（国民）という概念が広がるわけですね．つまり，ヨーロッパ市民権を持つ人々といった意味合いが出てくるわけですから，その分，国民概念が拡張される．ただ，それはあくまで憲法改正があった場合に限られます．目下の段階では憲法改正がございませんので，連邦憲法裁判所が言った，そういう結論が出てくることになるわけです．ただ，今後のことはまた話が違うということです．

要するに，この選挙権が現在認められているのは，ドイツで言うと，ゲマインデ（市町村）レベルの議会の選挙であるわけです．ドイツの場合の州議会の選挙とか連邦議会の選挙も外国人が持つようになるかどうかというお尋ねでありますけれども，ECが連邦国家になれば可能でありましょうが，ECはまだ連邦国家になろうとはしていないわけです．したがいまして，今回のマーストリヒト条約で認められているのは，ドイツで言うと，ゲマインデレベルの選挙権にとどまっているわけです．

さらに，それを超えてより上位の，ドイツで言うと，州議会あるいは連邦議会にまで選挙権が拡張されるかどうかは多分難しいであろう．そのゲマインデ議会に選挙権が認められる理由は，外国人であってもゲマインデというのは，地方公共団体として生活に非常に密着した場であるわけです．なおかつそこで税金なんかも払っているわけですから，一番住んでいるところと密着したゲマインデレベルでは，選挙権は与えてもいいだろうという考え方になるわけです．今後どういう展開になるかわかりませんが，おそらくECがヨーロッパ合衆国に発展していけば，合衆国レベルでの新しい統一した選挙権が認められることになるかもしれませんが，目下の段階では，国政レベルにまで選挙権を拡張することは難しいであろうというふうに思います．

(通訳：石川)

吉野 先ほど質問された方と同じような内容でして，あえて私から質問するこ

とは消えてしまいました．

牧野 （帝京大）まず一つ目は，先ほど先生がおっしゃった外国における弁護士の活動についてです．これは言ってみれば補充的な質問です．フランス人が，フランスで弁護士の試験に受かり，一定の実務上の経験があるという場合に，1年のドイツ弁護士会における「修習」を受け，その後試験を受けて合格すれば，ドイツにおいても弁護士資格が認められるということでしたが，ドイツでは国家試験（これは州が行うと思うんですけれども）という形ではなく，弁護士会に資格の審査を委ねるのはなぜかということを，詳しくお聞きしたいと思います．これが，まず第1点ですね．

オッパーマン 牧野さん，質問をしていただいてありがとうございました．

先ほど言葉足らずで，補習教育の細かいことを申し上げなかったので，今のような疑問が出てきたのだと思います．原則としてはこれは職業教育，専門教育が問題になっておりますから，職業と結びついた弁護士の人たちがつくっている自治団体（弁護士会）に任せることには意味があるのです．先ほど言い忘れましたが，法律を見てみないと記憶が定かでないのですが，確か法務省も弁護士の職業教育については一定の役割を果たし，1枚嚙んでいますから，全く弁護士会だけに試験が委ねられているというわけではないという点を補足しておきます．

（通訳：石川）

牧野 今後のマーストリヒト条約のドイツにおける見通しについてが，第2点の質問です．日本で報道されているところによりますと，先日のフランスにおける国民投票では僅差で「ウイ」の方が勝ったという影響で，ドイツに憲法上はそれが必要じゃないとしても，議会制民主主義の立場で，国民主権という観点から，やはりドイツ国内でも，こういう形の国民投票をするべきであるというような圧力が高まるのではないか．そういう評価が新聞に載っておりました．この点について，ドイツ国内では国民の間，あるいはそれ以外で，この問題についてどういう評価がなされているのかをお尋ねしたいと思います．

それから先生はマーストリヒト条約を，国民投票にかけるということを憲法上，法律上の問題とは別に，政治的な可否についてどうお考えかをお聞かせ下さい．

オッパーマン 非常に重要なご質問ですが，その分お答えは大変難しいということになるわけです．

結論から申し上げると，現在の与党であるCDU/CSUだけではなくて，野党であるSPDも，先ほどのボン基本法23条にマーストリヒト条約を批准する条項を盛り込む合意をしました．現在ヨーロッパ条項をどうつくり上げるかということについては，連邦議会と参議院の両方のメンバーからなる憲法委員会というのが発足しており，マーストリヒト条約だけではなく，基本法全体の改正の審議を続けているわけです．既に先ほど触れたボン基本法の23条，新しくできるヨーロッパ条項というものの素案もすでにでき上がっております．ですから，結論から言うと国民投票にかける必要はないわけです．

ご承知のとおり，憲法上はごく少数の

例外を除くと，ドイツでは国民投票の制度はないわけですね．もちろんデンマークとかフランスであったこととの関係で，これから国民投票にかけろという圧力とか，あるいは国民の運動が起こってくることは当然予想されるところであります．

確かに，デンマークとかフランスで国民投票が行われたことは，デモクラシーの観点からすれば，それは大変すばらしいことであるかもしれません．しかし，個人的には私はそれに反対であると申し上げざるを得ない．国民投票にかけろという感情は確かによく理解できるわけです．

ただし，現実がどうであったか，例えばフランス人の48％がマーストリヒト条約がだめだと言いましたけれども，その理由をよくよく調べていくと，本当に投票した人たちが，マーストリヒト条約の内容を全部知った上でその「ノン」という答えをしたのかどうかということは，私には大変疑わしく思われる．

マーストリヒト条約というのは，大変分厚いもので，ここに英訳の条約条文があるわけですが，まずヨーロッパ法の専門家でも中身を読んで，全体の構想を把握することはできません．ですから，道でその辺の人たちをつかまえて，例えばデンマークの人をつかまえて「君は賛成なのか反対なのか」とか「どうしてなのか」と聞いても，おそらくとんちんかんな答えしか出てこない．例えば「女性の選挙権が奪われるから反対だ」とか言ったり，全く違う事実に基づいて言う人も出てくる可能性があるわけです．ですから，国民投票が行われたといいますけれども，投票する場合に，これほどややこしいマーストリヒト条約を一括して国民投票にかけたということが，むしろ問題なのである．ですから，私は個人的に言うと，ドイツで国民投票にかけるということは反対であります．（通訳：石川）

西原 きょうのご報告，全体の構図との間係でちょっとお聞きします．マーストリヒト条約の評価に関して，民主制あるいは法治国家あるいは連邦国家制というボン基本法の基本原則との関係でどう評価すべきかという点に関してです．オッパーマン先生の立場というのは，この点に関して非常に積極的に高く評価しているということが見えます．その際に，民主化という要素，それから補充性原理の確認という要素を特に高く評価されているわけです．例えば法治国家との関係で，基本権ということに関しては，前々から基本権カタログがない点でEC法は不十分な点が多いというふうに言われていました．それから，現在確かに先ほどご紹介がありましたように，判例法を通じて基本権というものが充実しつつあるという前提をとっているわけですけれども，それにしても大陸法の考えからすると，非常に異質な状態のように思います．その状態をおそらく先生は，補充性原理ということと結びつけて，1871年のドイツ帝国の場合と同じように，各国レベルで基本権に関する課題を，基本的には処理すべきであるという前提におそらくお立ちになっているんじゃないかと思います．ただ，そういう形でECの活動あるいはヨーロッパユニオンの活動が拡大していった場合には，そういう前提に立つことが果たして可能なのか．補充性

原理は，ECが基本権カタログなしでやっていくだけの基本的な原理として機能し得るのだろうかどうか，これがまず第1点．

第2点として同じ問題は，連邦国家制に関してもおそらく問題になり得ると思うんですね．

つまりオッパーマン先生は，昔『文化行政法（Kulturverwaltungsrecht）』というテーマを扱っていらっしゃいました．まさにその問題，特にラントの文化高権に関しては，これからEC内の移動の自由が保障される際には，当然教育水準の問題が問題になってきますので，これがEC内で全体的な教育改革がおそらく起こるだろうという見通しがあるわけです．その際にラントの持っていた権限というのが侵略されていく，そういう危険性があるのではないか．

こういうふうな形でマーストリヒト条約が，必ずしも民主制あるいは連邦国家制の観点で補充性原理を確認したからといって，それほど高く評価できるんじゃないか．むしろ現在の国民の中にある動揺の一つの原因というのが，そういったところで今での権利保護というものの体制が変わってきてしまう，弱くなっているのかどうかわからないけれども，変わってきているという観点と関係があるんじゃないかということをお伺いしたかったんです．

ちょっと長くなって申しわけないんですが……．

オッパーマン これも，将来の発展のことですから，予言はできないわけですけれども，私が確信するところによれば，要するにECというのはもともと限定的なもので，これを国家と比較するから話が非常にややこしくなってきてしまう．つまりヨーロッパ合衆国あるいは連邦国家というのが，将来的にいつかの時点で成立するかというと，それはできないであろう．つまり100％の連邦国家に比較できるような組織にECはならないだろう．むしろ70％ぐらいとか，連邦制に限りなく近いですけれども，それは3分の2ぐらい．ですから，重要なのはECという共同体が安定した状態に置かれるためには，確かに民主制の原理とか，法治国家原理を組織の原理として組み立てていくことは，確かに重要ではありますけれども，ではECが100％の連邦制になるかというと，決してそうはないという点に一つ注意しなければなりません．

それから権利保護との関連で言うと，たしかにEC法には明文の基本権カタログは欠けていますけれども，この間にEC裁判所の権利保護は非常に発展を遂げてきました．特にEC条約177条にある先行訴訟という制度，つまり国内の裁判所がEC法との抵触が問題になったときに，ルクセンブルクのEC裁判所に事件を移送するわけです．その手続きは非常に頻繁に行われており，ドイツ国内の裁判所とEC裁判所の間の連携はうまく保たれてきております．

したがって，ご懸念のとおり，権利保護に欠ける部分が確かにあるようにも見えますけれども，反面，判例法によって不文法，要するに書かれていない，成文ではない基本権というのが，ここのところでEC法の中では特定の領域で発展してきておりますから，その点のご心配は

ないのではないかと思います．

　他方，ヨーロッパ閣僚委員会の選ばれ方ですが，これは要するに各国の政府から来るわけです．ですから，選ばれている人たちが，同時に国民から選ばれてきており，その限り，つまり閣僚委員会で民主制がある程度担保されるのではないでしょうか．

　さらに，マーストリヒト条約の中では，先ほど言ったヨーロッパ裁判所の判例法の積み重ねはある程度承認されたということと，もう一つには，ヨーロッパ人権条約というのがあります．それとの絡みで見ていけば，それほどご懸念のような心配はないのではないかと私は解釈しております．

　第2の点のお答えは，先ほどEC法が発展していくと，例えばドイツの各州の権限が奪われていくのではないかというご懸念でありましたが，かつて私が書いた『文化行政法』という本にまで言及していただいて，大変ありがとうございました．

　結論から言うと，文化高権（Kulturhoheit）は，保たれるというか，そのまま維持されるでしょう．つまり例えば教育制度を見てみても，フランスは集権的に行っているわけですね．ドイツはそれぞれの州がかなりばらつきを持ちながら分権的に行っている．ですから，この教育制度をECレベルで統一するということは到底考えられない．その意味で，「ヨーロッパ大学」というようなものはつくりようがないわけです．

　したがって，依然として学校とか大学の分野，これが文化高権の中心部分に当たるわけですが，これはやはりそれぞれの構成国，ドイツの場合ですと，ラント州に委ねられることになるであろうということです．

　もう一つは，例えば人の移動ということに関連して言うと，先ほど弁護士が域内のどこで開業してもいいという話をしました．しかし，学校の先生の場合，英語の先生として，どこの国でも活動ができるかと言えば，ドイツで英語を習った人が，イギリスに行って英語の先生をできるかといえば，できますけれども，しゃべる方は英国人の方が母国語ですからしゃべれるわけです．ですから，この辺の職業になると，自由なモノ・カネ・資本の移動といいますが，人の移動に関してはECレベルで規律されなければならない分野がまだ残っている．

　ただし，この間にEC裁判所が判例を積み重ねまして，ここの部分の隙間を埋めてくることになりました．ですから，まとめて言うと，ともあれ，ブリュッセルのEC本部がああだ，こうだというふうに定めるということはおかしいわけです．ですから，しいて言えば，先ほどの補充性の原理とも関係するんでしょうが，ヨーロッパに共通する文化というのはあるはずです．例えばギリシャのパルテノン神殿とか，シャトル大聖堂（フランス）だとかバンベルクの町並み（ドイツ）といったものは，単なるギリシャとかフランスとかドイツとかいう一国を超えて単一のヨーロッパの文化に支えられたものであるはずであります．ですから，そういうヨーロッパ文化財を保護するためには，各国政府というよりは，むしろECが介入してECが補助金を出して文化財を保護するという形でいって構

わないだろうと思います。
　だけれども、ドイツの田舎にある教会の建て替えまで、例えばECが介入するということは、到底考えられるわけでもないし、するべきではないでしょう。
　　　　　　　　　　　（通訳：石川）
　鈴木　簡単にオンブズマン制度についてお伺いしたいんですが、今度ヨーロッパ議会にオンブズマン（Beauftrgter）が導入されるということをお伺いしたんですけれども、裁判制度とか議会制度はどの国にも自明のものですがオンブズマンというとまだ例えばイギリスにはいろいろなオンブズマン制度があったりフランスにはメディアトゥールというのがあります。例えばドイツですと、請願制度が非常に発達しているので、国レベルのオンブズマンはあえて導入されておりません。そういう状況の中で、ヨーロッパ議会にオンブズマン制度を導入することになったきっかけ、どの国がそういうアイデアを出したのかということと、それから先生はドイツの学者として、この制度をどういうふうに評価されているか、この点をお伺いしたいと思います。
　オッパーマン　私はオンブズマン制度の専門家ではありませんので、かなり限られたお答えしかできないと思いますが、市民オンブズマン制度が、なぜマーストリヒト条約に入ったのかというのは、オランダがかなり推進したということは聞いております。ドイツはそういう提案があったから賛成したという程度であるということしか私は知りません。
　この市民オンブズマンは、ヨーロッパ議会に置かれるわけですが、これはつまり請願権と合わさって意味を持ってくるわけであります。特にECの場合には本部がブリュッセルにあるということで、通常の市民から見ると、非常に遠いところにある（ヨーロッパ議会もそうですが）。そうすると、市民から遠いところにあるのを、何とか近づけるためにはどうすればいいか、市民に身近なところ（Bürgernahe）にECを持ってくるにはどうしたらいいかというと、オンブズマンに対して市民が請願をすることはできるという形で、両者を直結をしようということです。もちろん個人の権利保護制度は、EC条約の176条などにも盛り込まれているわけですが、それに加えて今回は、市民オンブズマンという制度がマーストリヒト条約の中に定められたわけです。
　一方、ドイツはどうかというと、先ほどご指摘があったように、今まであまりオンブズマン制度は発達してまいりませんでした。けれども、先ほど申し上げたように、憲法委員会（Verfassungs-kommission）というのが発足していて、憲法改正を審議しているわけです。今年の年末までに報告書を出すということでありますが、その中でオンブズマン制度を強化しようという動きがあるようであります。
　ただ、ドイツの場合、今までの発想は、先ほどご紹介があったように基本法17条で請願権が認められていますから、請願権がちゃんと機能していれば、別にオンブズマンを置かなくてもいいだろうということで、オンブズマン制度はゲマインデレベルでは重要ですけれども、それ以外のところでは、あまり重要ではなかったわけですね。

ですから，今回マーストリヒト条約の中で，市民オンブズマンという制度が入った．この制度は歓迎すべき，喜ぶべきことであるには違いないのですが，反面，オンブズマンの権限が限られていること，つまり市民から出された請願を議会に取り次ぐという役目を持っているわけですが，それ以外のところは何かあるかというと，ないわけですね．取り次ぎ役ということですから，非常に権限が限られているというところをどう評価するかという点です．ですから，全体としては，いい制度であるという評価ですね．

(通訳：石川)

小島 先ほどヨーロッパ大学というものについて，オッパーマン先生が言及されましたが，「ヨーロッパ大学」というのがイタリアのフェゾロイにございまして，これは大学院レベルのものでございますが，アンダーグラジュエートレベルでのヨーロッパ大学というようなのは，ちょっと考えにくいというお考えだったんでしょうか．

もう一つ，それとの関連では，もし先ほどのように，例えばフランスの弁護士が同時にドイツの法的なサービスを提供したいというならば，1年教育を受ければいいということですから，むしろそういうことになりますと，昔900年も前にボローニア大学が存在して，ヨーロッパ全体に弁護士を供給していたように，どこかわかりませんけれども，ある地域に充実した大学ができて，そしてそこではイタリア法も教えるし，ドイツ法も教えるし，あるいはフランス法も教えるとなると，その大学を卒業すると三つの国で働けるような資格が得られるというような事態も私立大学制度を前提としますと，将来ある得るのかなという空想をいたしましたので，その辺，そういう可能性があるのかどうか，伺っていただけますか．

オッパーマン 最後のご質問，どうもありがとうございました．

確かに我々は大学人でありますから，大学人として答えを今真剣に考えてみなければいけないんですが，先ほどともすると，十把一からげでフランスの大学制度，イギリスの大学制度を話してしまったので，そういう質問が出てきたのかもしれませんが，確かにおっしゃるとおり，ヨーロッパ文化ということを研究することについては，例えば20年前にイタリアのフィレンツェに研究所が設けられたわけです．ですから，分野を限れば，例えばヨーロッパ法を研究する大学，つまりヨーロッパ大学は可能なのではないか．

おっしゃるとおり，できるとしても，おそらく大学院レベルでは考えられるだろう．つまり言ってみると，2階建て構想というか，1階の部分は各構成国の大学で学べばいいわけですね．今度2階に上がって，大学院へ来た段階では，共通のヨーロッパ大学――何を教えるかはさておいて――というところでプラスアルファーの部分の専門の知識をつけていくことはおそらく可能であろう．ヨーロッパに共通のスタンダードというものをつくることは可能であろうと私は思います．

それから第2点の組織の形態ということについて申し上げると，これはおそらく私立でつくるということは十分可能だ

ろうと思います．ベルギーにあるヨーロッパコレークというのが，先ほどのフィレンツェの研究所よりも，もっと歴史が古いようです．さらにフランスのフォンテンブローにあるビジネス・スクールは，EC統合なんかとは直接関係ありませんけれども，ヨーロッパどこでも働けるような，要するにコレスポンスであるとか，そういう秘書の知識とか会話とか，そういうものを教える学校として，現在でも存在しているわけです．

ですから，おそらく成立する可能性があるとすれば，専門を細分化した学校，なおかつ任務が限定されるというのでしょうか．オランダではライヒの大学というのはあるようですが，ドイツには連邦立の大学はないわけです．国防軍の大学は連邦立ですけれども，ちょっとこれは特殊な大学でして，普通の大学は州が持っているわけです．

だけれども，そういうふうに見ていくと，ドイツでも連邦レベルで，そういう共通することを学ぶ大学をつくることは可能だろうし，あるいはそれ以外に，私立の形態をとる，そのことによって日本がそうであるように，私立と国立の大学の間で競争するという可能性が出てくるわけです．そうなっていけば，だんだんその分野というのは研究が発展していきますから，全体として見ますと，小島先生のおっしゃったアイデアは大変私もいいことだと同意いたします．

　　　　　　　　　　　（通訳：石川）

小島　もう一つ伺いたいのは，このプロジェクトと一番深く関係する問題点なんですけれども，先生は欧州裁判所のことに若干お触れになりました．これは第三の領域の政治的な機能との関係でお触れになったんですけれども，欧州裁判所というのは伝統的な各国の裁判所と比べて，法の適用の場面において同じような思考方法といいますか，役割を果たすのでしょうか．それとも，より限定的な思考方法，解釈方法をとるのでしょうか．

つまり法形成における裁判所の役割という点から見ると，国内裁判所と比べまして，欧州裁判所は相当リザーブドといいますか，抑制された役割を果たすようになるのでしょうか．その背景としては，裁判所のECにおける地位ということもありますでしょうし，また，欧州裁判所の裁判官というのは例えばイギリスのハウスオブロードとか，そういうところの一級の裁判官と比べて非常に尊敬されているのでしょうか．その辺ちょっと伺わせていただければと思います．

オッパーマン　「裁判所の役割」というシンポジウムに参加しながら，私の講演の中で，ヨーロッパ裁判所に触れなかったというのは，大変申しわけないことだと思っております．

テーマの設定の仕方がマーストリヒト条約でありましたものですから，マーストリヒト条約について，裁判所については裏側からというか，ネガティブな定めしかないわけですね．先ほど講演の中で言いましたように，一定の領域について，これはヨーロッパ裁判所が司法審査ができない，司法審査の排除が，マーストリヒト条約の中にうたわれていますので，マーストリヒト条約を取り上げると，どうしてもヨーロッパ裁判所について触れないという結論が出てきてしまったわけです．

ただ，今の質問との関連で言いますと，ヨーロッパ裁判所というのは，ECの中で最も重要な機関でありますし，先ほど申し上げましたように，ヴァルター・ハルシュタインが言いましたように，ECというのは法共同体（Rechtsgemeinschaft）なのです．ですから，それ以外にECは，例えば共通の国防軍であるとか，外交であるとか，共通した警察であるとか，そういう組織は持っていないわけですね．ECが持っているとすれば，裁判所だけが共通しているわけです．

ヨーロッパ裁判所は1950年代の終わりごろから非常に役割をよく果たしたということでありまして，ドイツから裁判所の裁判官に任命されて，もうやめましたがエーヴァーリング（Ulrich Everring）という人物がおります．この人物に言わせますと，自分は裁判官として活躍してみたけれども，ECの中で最もうまく機能しているのは，EC裁判所である．非常に進歩的な役割を果たしている，と申しております．

次の質問にかかわってきますが，EC裁判所の裁判官がヨーロッパの人たちから尊敬されているかといいますと，これは非常に高い尊敬を受けております．もちろん，それぞれの国によって，だれが任命されるかは，微妙に違うんです．例えばイギリスからは，裁判官が任命される．ほかの国からは行政官，つまり公務員出身者，あるいは弁護士を任命する国もある．あるいは大学教授ということもあるわけですが，そうすると，この人たちは職業教育というか，法律家としての教育を受けておりますから，裁判所に入って，例えば自分がイギリス人だったら，自国であるイギリスだけの利害を守るとか，ドイツ人だからドイツの利害を守るとかは，到底あり得ないわけです．つまり「ヨーロッパ精神」といいましょうか，ヨーロッパの裁判官に任命されたからには，ヨーロッパ精神を体現して，その判決を書くというか，紛争を解決するということをやっているわけです．

今のご質問に対しては，裁判所は非常によく機能しているということと，尊敬をかち得ているというお答えを申し上げます． （通訳：石川）

司会（小島） それでは，予定の時間も大分過ぎました．大変熱心にご質問いただき，また，オッパーマン先生からは，大変示唆に富むお答えをいただきまして，私どものラウンドテーブルも大変実りあるものになったことを，参加者の皆様に深く感謝申し上げたいと思います．

そして，オッパーマン先生，3時間半にわたって大変ありがとうございました．そして，長い時間すばらしい通訳を務めていただき，また司会も一緒にしていただきました石川さんにも，厚く御礼を申し上げたいと思います．

それからあちらにオッパーマン先生の奥様がお見えになっておりますので，この席でご紹介させていただきます．

どうもありがとうございました．

質疑参加者
基調報告 トーマス・オッパーマン（テュービンゲン大学）
通 訳 石川敏行（中央大学）
質 問 者 戸波江二（筑波大学）
　　　　　加藤新太郎（司法研修所）

嶋崎健太郎（埼玉大学）　　　　　　　西原博史（早稲田大学）
古野豊秋（桐蔭学園横浜大　　　　　　鈴木秀美（北陸大学）
学）　　　　　　　　　　司　会　小島武司（中央大学）
牧野忠則（帝京大学）　　　　　　　　石川敏行（中央大学）

外国側参加者略歴 (執筆順)

クヌート・ヴォルフガング・ネル (Knut W. Nörr)

1935年生まれ　法学博士　ボン大学教授を経て，1971年からテュービンゲン大学法学部教授　専門は，ローマ法，法制史，教会法，民事法。主要著作　An der Wiege deutscher Identität nach 1945 (1993)；Die Leiden des Privatrechts (1994)；Der Richter zwischen Gesetz und Wirklichkeit (1996) など。

ベルンハルト・グロスフェルト (Bernhard Großfeld)

1933年生まれ　1960年　法学博士 (ミュンスター大学)　渡米の後，1963年　法学修士 (イェール大学)　1966年　教授免許取得 (テュービンゲン大学)　ゲッティンゲン大学法学部教授 (1966年から1973年まで) を経て，1973年以降，ミュンスター大学法学部教授　専門は，民法，商法，国際企業法。主要著作　Deutsche Bundespost, Postbank (1990)；Kernfragen der Rechtsvergleichung (1996)；Bilanzrecht (1997) など。

クラウス・J. ホプト (Klaus J. Hopt)

1940年生まれ　1967年　法学博士　1968年　哲学博士　1973年　教授免許取得 (ミュンヘン大学)　テュービンゲン大学教授，ベルン大学教授などを歴任　専門は，国際商事法，国際経済法。主要著作　Schadensersatz aus unberechtigter Verfahrenseinleitung (1968)；Aktuelle Rechtsfragen der Haftung für Anlage- und Vermögensberatung einschließlich Prospekthaftung (1985)；Die Verantwortlichkeit der Banken bei Emissionen (1991) など。

ロルフ・A. シュッツェ (Rolf A. Schütze)

1934年生まれ　1960年　法学博士　1983年以来，テュービンゲン大学法学部兼任教授　専門は国際民事訴訟法。主要著作　Deutsches internationales Zivilprozeßrecht (1985)；Deutsch-amerikanische Urteilsanerkennung (1992)；Bankgarantien (1994) など。

トーマス・オッパーマン (Thomas Oppermann)

1931年生まれ　1959年　法学博士 (フライブルク大学)　1967年　教授免許取得 (ハンブルク大学)　1967年以来，テュービンゲン大学教授 (1999年退官)　専門は，憲法，行政法，国際法，ヨーロッパ法。主要著作　Kulturverwaltungsrecht (1969)；Europarecht (1991)；Deutsche Rundfunkgebühren und europäisches Beihilferecht (1997) など。

ドイツ法・ヨーロッパ法の展開と判例　日本比較法研究所研究叢書 (51)

2000年6月30日　初版第1刷発行

Ⓒ　編　者　川　添　利　幸
　　　　　　小　島　武　司
　　発行者　辰　川　弘　敬

〈検印廃止〉

　　発行所　中央大学出版部
　　　　　〒192-0393
　　　　　東京都八王子市東中野742-1
　　　　　電話0426(74)2351・振替00180-6-8154

ISBN4-8057-0550-7　　　　　大森印刷／法令製本

日本比較法研究所研究叢書

1	小島武司 著	法律扶助・弁護士保険の比較法的研究	A5判	2800円
2	藤本哲也 著	CRIME AND DELINQUENCY AMONG THE JAPANESE-AMERICANS	菊判	1600円
3	塚本重頼 著	アメリカ刑事法研究	A5判	2800円
4	小島武司・外間寛 編	オムブズマン制度の比較研究	A5判	3500円
5	田村五郎 著	非嫡出子に対する親権の研究	A5判	3200円
6	小島武司 編	各国法律扶助制度の比較研究	A5判	4500円
7	小島武司 著	仲裁・苦情処理の比較法的研究	A5判	3800円
8	塚本重頼 著	英米民事法の研究	A5判	4800円
9	桑田三郎 著	国際私法の諸相	A5判	5400円
10	山内惟介 編	Beiträge zum japanishen und ausländischen Bank- und Finanzrecht	菊判	3600円
11	木内宜彦・M・ルッター 編著	日独会社法の展開	A5判	2500円
12	山内惟介 著	海事国際私法の研究	A5判	2800円
13	渥美東洋 編	米国刑事判例の動向Ⅰ	A5判	4900円
14	小島武司 編著	調停と法	A5判	4175円
15	塚本重頼 著	裁判制度の国際比較	A5判	(品切)
16	渥美東洋 編	米国刑事判例の動向Ⅱ	A5判	4800円
17	日本比較法研究所 編	比較法の方法と今日的課題	A5判	3000円
18	小島武司 編	Perspectives On Civil Justice and ADR : Japan and the U.S.A	菊判	5000円
19	小島・清水・渥美・外間 編	フランスの裁判法制	A5判	(品切)
20	小杉末吉 著	ロシア革命と良心の自由	A5判	4900円
21	小島・清水・渥美・外間 編	アメリカの大司法システム(上)	A5判	2900円
22	小島・清水・渥美・外間 編	Système juridique français	菊判	4000円
23	小島・清水・渥美・外間 編	アメリカの大司法システム(下)	A5判	1800円

日本比較法研究所研究叢書

24	小島武司・韓相範編	韓国法の現在（上）	A5判 4400円
25	小島・渥美・川添・清水・外間編	ヨーロッパ裁判制度の源流	A5判 2600円
26	塚本重頼著	労使関係法制の比較法的研究	A5判 2200円
27	小島武司・韓相範編	韓国法の現在　下	A5判 5000円
28	渥美東洋編	米国刑事判例の動向Ⅲ	A5判 3400円
29	藤本哲也著	Crime Problems in japan	菊判 （品切）
30	小島・渥美・清水・外間編	The Grand Design of America's Justice System	菊判 4500円
31	川村泰啓著	個人史としての民法学	A5判 4800円
32	白羽祐三著	民法起草者穂積陳重論	A5判 3300円
33	日本比較法研究所編	国際社会における法の普遍性と固有性	A5判 3200円
34	丸山秀平編著	ドイツ企業法判例の展開	A5判 2800円
35	白羽祐三著	プロパティと現代的契約自由	A5判 13000円
36	藤本哲也著	諸外国の刑事政策	A5判 4000円
37	小島武司他編	Europe's Judicial Systems	菊判 3100円
38	伊従寛著	独占禁止政策と独占禁止法	A5判 9000円
39	白羽祐三著	「日本法理研究会」の分析	A5判 5700円
40	伊従・山内・ヘンリー編	競争法の国際的調整と貿易問題	A5判 2800円
41	渥美・小島編	日韓における立法の新展開	A5判 4300円
42	渥美東洋編	組織・企業犯罪を考える	A5判 3800円
43	丸山秀平編著	続ドイツ企業法判例の展開	A5判 2300円
44	住吉博著	学生はいかにして法律家となるか	A5判 4200円
45	藤本哲也著	刑事政策の諸問題	A5判 4400円
46	小島武司編著	訴訟法における法族の再検討	A5判 7100円

日本比較法研究所研究叢書

47	桑田三郎 著	工業所有権法における国際的消耗論	A 5 判 5700 円
48	多喜 寛 著	国際私法の基本的課題	A 5 判 5200 円
49	多喜 寛 著	国際仲裁と国際取引法	A 5 判 6400 円
50	眞田・松村 編著	イスラーム身分関係法	A 5 判 7500 円

＊価格は本体価格です．別途消費税が必要です．